高兴 编著

古人咏百花

北京师范大学出版集团
安徽大学出版社

图书在版编目(CIP)数据

古人咏百花/高兴编著.—合肥:安徽大学出版社,2019.8
ISBN 978-7-5664-1782-4

Ⅰ.①古… Ⅱ.①高… Ⅲ.①古典诗歌-诗集-中国 Ⅳ.①I222

中国版本图书馆 CIP 数据核字(2019)第 039372 号

古人咏百花

高 兴 编著

出版发行:	北京师范大学出版集团 安徽大学出版社 (安徽省合肥市肥西路 3 号 邮编 230039) www.bnupg.com.cn www.ahupress.com.cn
印 刷:	合肥远东印务有限责任公司
经 销:	全国新华书店
开 本:	152mm×228mm
印 张:	23.75
字 数:	280 千字
版 次:	2019 年 8 月第 1 版
印 次:	2019 年 8 月第 1 次印刷
定 价:	46.00 元

ISBN 978-7-5664-1782-4

策划编辑:姜 萍 王 黎		装帧设计:李 军 金伶智
责任编辑:李晨霞 姜 萍 王 晶		美术编辑:李 军
责任印制:陈 如 孟献辉		

版权所有 侵权必究

反盗版、侵权举报电话:0551-65106311
外埠邮购电话:0551-65107716
本书如有印装质量问题,请与印制管理部联系调换。
印制管理部电话:0551-65106311

前 言

在我们伟大祖国的辽阔土地上,到处有奇花异草,春天,牡丹呈艳,柳翠兰芳;夏日,菡萏摇盖,榴红栀香;高秋里丛菊争发,金桂吐馨;严冬中红梅舞雪,水仙凌波。万紫千红,争奇斗艳。

数千年来,我国人民一直把它目为良朋益友,古代的文人雅士,几乎无不有咏花之佳作、颂花之锦句。今天,赏花、爱花、养花更是人们日常生活的一项重要内容,精神生活中不可缺少的部分。花卉不仅可以美化环境,还可以陶冶人们的情趣,增长科学知识。

花卉,是美的体现;赏花,是美的享受。但是,在现实生活中,每个人得到的这种享受并不相同。因为,如何赏花,这本身也是一门知识,需要美学的造诣和文学的修养。对于这一点,我们的前人为我们留下了丰富的经验。为了有助于大家提高对花卉的欣赏水平,我在古人咏花的诗海中撷取了几朵浪花,编成了这本小册子。

本书选录了近两千年中179人的363首吟咏百花的诗歌,其中既有像谢朓、杜甫、李白、苏轼、袁宏道、曹雪芹这样文学巨匠的杰作,也有一些不见经传的布衣穷儒的好诗。他们把百花写得各呈奇态、栩栩如生,使读者好像见到了花美,仿佛闻到了花香。读这些诗,既是一种美的艺术享受,又可增长有关花卉的各种科学知识。

为了方便读者,在选编时作了一点注释。少数原本有注的,尽量参照原注;绝大部分没有被人注过的,也只是作一点文字上的疏通,至于有些诗是否另有寓义,则未便涉及,留予大家见智见仁吧。

另外,为了使大家对古人吟咏的各种花有个较全面的了解,我在每种花的诗前作了简单的介绍。介绍时参阅了《南方草木状》《本草纲目》《广群芳谱》《花镜》《花经》《植物名实图考长编》《家庭养花》《花卉》等书,特此说明。

在选注中曾得到有关单位及同志的热情支持和大力帮助,在此,一并表示深切的谢意。全书图片由张雯、姜赵治绘制。由于本人水平有限,知识浅陋,注释中一定有许多纰漏,加之资料有限,挂一漏万之失在所难免,希望能得到大家的赐教。

编　者

2018年10月三稿

于 安 徽 大 学

Mulu
目录

• 牡丹 •

诗题	作者 / 页码
红牡丹	王　维 / 002
赏牡丹	刘禹锡 / 002
牡　丹	皮日休 / 003
朱红牡丹	王禹偁 / 003
紫牡丹	梅尧臣 / 004
牡丹吟	邵　雍 / 005
洛阳春吟(八首选二)	邵　雍 / 005
游太平寺净土院，观牡丹中有淡黄一朵，特奇，为作小诗	苏　轼 / 006
绿牡丹	侯几道 / 007
黑牡丹	程先贞 / 007
并头牡丹诗(三首选一)	袁　枚 / 008
元日牡丹诗(七首选二)	袁　枚 / 008
牡　丹	孙星衍 / 009
咏白牡丹	潘　韶 / 010

• 梅花 •

诗题	作者 / 页码
雪里觅梅花	萧　纲 / 012

早　梅 ……………………………………	张　谓 / 012
江　梅 ……………………………………	杜　甫 / 013
早　梅 ……………………………………	齐　己 / 013
山园小梅(二首选一) ………………………	林　逋 / 014
同诸子城南园赏梅十首(选一) ……………	邵　雍 / 015
红梅三首(其二) …………………………	苏　轼 / 015
梅　花 ……………………………………	王安石 / 016
缃　梅 ……………………………………	陆　游 / 016
同英粹中赋梅 ……………………………	赵秉文 / 017
白　梅(五十八首选一) ……………………	王　冕 / 018
鸳鸯梅 ……………………………………	冯子振 / 019
赋得红梅花 ………………………………	曹雪芹 / 019
枯　梅 ……………………………………	吴　淇 / 020
绿萼梅 ……………………………………	骆绮兰 / 020

· 菊花 ·

菊 …………………………………………	袁　崧 / 023
和令狐相公玩白菊 ………………………	刘禹锡 / 023
重阳席上赋白菊 …………………………	白居易 / 024
菊　花 ……………………………………	元　稹 / 025
不第后赋菊 ………………………………	黄　巢 / 025
题菊花 ……………………………………	黄　巢 / 026
戏答王观复酴醾菊二首(选一) ……………	黄庭坚 / 026
十月望日买菊一株颇佳(二首选一)	
………………………………………	王十朋 / 027
桃花菊 ……………………………………	王　恽 / 027
墨　菊 ……………………………………	胡　布 / 028
咏汝庆宅红菊 ……………………………	何景明 / 029
二色菊 ……………………………………	程先贞 / 029

菊有名金银芍药者感赋 …………………… 宋元徵 / 030

十日菊 …………………………………… 郑　燮 / 031

六月菊 …………………………………… 袁　枚 / 031

· 荷花 ·

咏芙蓉 …………………………………… 沈　约 / 034

咏同心芙蓉 ……………………………… 杜公瞻 / 034

咏双开莲花 ……………………………… 刘　商 / 035

重台莲花 ………………………………… 皮日休 / 035

咏　莲 …………………………………… 文　同 / 036

多叶红莲 ………………………………… 洪　适 / 036

莲　花 …………………………………… 杨万里 / 037

白　莲 …………………………………… 杨万里 / 037

荷花辞 …………………………………… 叶梅峤 / 038

荷　花 …………………………………… 曹　寅 / 038

秋　荷 …………………………………… 郑　燮 / 039

· 兰花 ·

芳　兰 …………………………………… 李世民 / 041

孤　兰 …………………………………… 李　白 / 041

题杨次公春兰 …………………………… 苏　轼 / 042

题杨次公蕙 ……………………………… 苏　轼 / 043

墨　兰(二首选一) ……………………… 袁　桷 / 043

秋　蕙 …………………………………… 揭傒斯 / 044

冬　兰(二首选一) ……………………… 曹　寅 / 044

折枝兰 …………………………………… 郑　燮 / 045

盆蕙盛开 ………………………………… 洪亮吉 / 045

素心兰 …………………………………… 何绍基 / 046

建　兰 …………………………………… 朱载震 / 047
素心兰 …………………………………… 骆绮兰 / 048

· 珠兰 ·

珠　兰 …………………………………… 袁　枚 / 050
珠兰十二韵 ……………………………… 王　复 / 050
珠　兰 …………………………………… 姚　燮 / 052

· 米兰 ·

鱼子兰 …………………………………… 纳兰性德 / 054

· 水仙花 ·

王充道送水仙花五十枝 ………………… 黄庭坚 / 056
次韵中玉水仙花二首(选一) …………… 黄庭坚 / 056
水仙花(并序) …………………………… 张　耒 / 057
千叶水仙花(并序) ……………………… 杨万里 / 058
水　仙(二首选一) ……………………… 钱秉镫 / 059
水仙花 …………………………………… 袁宏道 / 059

· 茉莉花 ·

又觅没利花 ……………………………… 王十朋 / 062
送抹利花与庆长 ………………………… 杨万里 / 062
末　利 …………………………………… 刘克庄 / 063
茉　莉 …………………………………… 徐石麒 / 063
末丽词 …………………………………… 王士禄 / 064
抹丽花 …………………………………… 冒春荣 / 064

· 月季花 ·

月　季 …………………………………… 宋　祁 / 067
月　季 …………………………………… 韩　琦 / 067
腊前月季 ………………………………… 杨万里 / 068

长春花	朱淑真 / 069
月季花	孙星衍 / 069

•蔷薇•

咏蔷薇	谢　朓 / 071
蔷　薇	朱庆馀 / 071
蔷　薇	齐　己 / 072
蔷薇花	杜　牧 / 073
红蔷薇歌	王　毂 / 073
黄蔷薇	洪　适 / 074
黄蔷薇	张仲英 / 074

•八仙花•

聚八仙	洪　适 / 077

•玫瑰•

玫　瑰	唐彦谦 / 079
红玫瑰	杨万里 / 079
初夏庭中玫瑰盛开口占(二首选一)	陈　确 / 080

•凌霄•

凌　霄	白居易 / 082
凌　霄	曾文照 / 082
凌　霄	洪　适 / 083
陵霄花	陆　游 / 083
凌霄花	范　浚 / 084

•酴醾花•

酴醾花	欧阳修 / 087
和王晋卿都尉荼蘼二绝句(选一)	苏　辙 / 087

次韵李秬酴醾 …………………………… 晁补之 / 088
东阳观酴醾 …………………………… 陆　游 / 088
酴　醾 ……………………………………… 杨万里 / 089

·十姊妹花·

戏题十姊妹花 …………………………… 袁宏道 / 091
对窗前十姊妹花 ………………………… 姚士基 / 091
咏十姊妹花 ……………………………… 吕兆麒 / 092

·鸡冠花·

鸡冠花 …………………………………… 罗　邺 / 094
白鸡冠花 ………………………………… 王　令 / 094
鸡　冠 …………………………………… 洪　适 / 095
鸡冠花 …………………………………… 钱士升 / 095
鸡　冠 …………………………………… 洪亮吉 / 096

·虞美人花·

丽　春 …………………………………… 杜　甫 / 098
虞美人花 ………………………………… 吴嘉纪 / 098
虞美人花 ………………………………… 孙念谋 / 099
虞美人 …………………………………… 许　氏 / 099

·罂粟花·

米囊花 …………………………………… 郭　震 / 102
米囊花（二首选一） ……………………… 杨万里 / 102
罂　粟 …………………………………… 刘克庄 / 103
罂粟花 …………………………………… 纪　昀 / 103

·牵牛花·

牵　牛 …………………………………… 苏　辙 / 105
牵牛花 …………………………………… 朱茂曙 / 105

牵牛花十二韵 …………………………… 朱彝尊 / 106
牵牛花 ……………………………………… 徐芗坡 / 107

· 芍药 ·

戏题阶前芍药 …………………………… 柳宗元 / 109
红芍药 ……………………………………… 元　稹 / 110
玉盘盂并引（二首选一） ………………… 苏　轼 / 111
玉盘盂 ……………………………………… 杨万里 / 112
咏一捻红芍药 …………………………… 孔尚任 / 113
水南花墅开并蒂芍药十二枝 …………… 蒋铭书 / 113

· 海棠 ·

海　棠 ……………………………………… 郑　谷 / 116
海棠二首（选一） ………………………… 吴　融 / 116
海　棠 ……………………………………… 苏　轼 / 117
黄海棠 ……………………………………… 洪　适 / 117
海　棠 ……………………………………… 杨万里 / 118
黄田人家别墅缭山种海棠为赋
　　二绝（选一） ………………………… 刘克庄 / 118
腊月海棠 ………………………………… 尹廷高 / 119
海棠下作 ………………………………… 袁　枚 / 119
咏白海棠 ………………………………… 曹雪芹 / 120

· 秋海棠 ·

和周雪客白秋海棠 ……………………… 袁逢盛 / 122
秋海棠 …………………………………… 袁　枚 / 122
白秋海棠 ………………………………… 洪亮吉 / 123
咏秋海棠 ………………………………… 章穗芬 / 123
秋海棠 …………………………………… 张以宁 / 124

007

• 垂丝海棠 •

海　　棠 …………………………………… 梅尧臣 / 126

垂丝海棠 …………………………………… 洪　适 / 126

垂丝海棠 …………………………………… 范成大 / 127

垂丝海棠 …………………………………… 杨万里 / 127

• 西府海棠 •

夏中崔中丞宅见海红摇落一花独开 ………… 刘长卿 / 130

• 锦带花 •

海仙花诗三首 ……………………………… 王禹偁 / 132

海　　仙 …………………………………… 洪　适 / 133

锦带花 ……………………………………… 范成大 / 134

红锦带花 …………………………………… 杨万里 / 134

• 凤仙花 •

凤仙花 ……………………………………… 吴仁璧 / 137

金凤花 ……………………………………… 欧阳修 / 137

金凤花 ……………………………………… 杨万里 / 138

金　　凤 …………………………………… 范　椁 / 138

凤　　仙 …………………………………… 吕兆麒 / 139

• 素馨花 •

素　　馨 …………………………………… 洪　适 / 141

素　　馨 …………………………………… 方　岳 / 141

素馨花 ……………………………………… 杨　慎 / 142

素馨花 ……………………………………… 林　鸿 / 142

• 吊兰 •

挂　　兰 …………………………………… 谢宗可 / 145

• 雁来红 •

雁来红	杨万里 / 147
醉咏燕来红	吴嘉纪 / 147
雁来红	汪 祚 / 148

• 探春花 •

咏探春花用高冲霄韵	耶律楚材 / 150

• 迎春花 •

玩迎春花赠杨郎中	白居易 / 152
嘲迎春花	赵执信 / 152

• 报春花 •

嘲报春花	杨万里 / 154

• 长春花 •

长 春	洪 适 / 156
长 春	刘克庄 / 156

• 蝴蝶花 •

玉胡蝶花	李 觏 / 158
咏蛱蝶花	唐顺之 / 158
蝴蝶花	钟文贞 / 159

• 含笑花 •

含 笑	洪 适 / 162
白含笑	杨万里 / 162
含笑花	施宜生 / 163

• 丁香花 •

丁 香	杜 甫 / 165
百 结	朱思本 / 165
咏紫丁香花	孔尚任 / 166

咏白丁香花 …………………………………… 陈至言 / 167

· 金灯花 ·

金灯花 ………………………………………… 卢　澳 / 169
金灯花 ………………………………………… 薛　涛 / 169
野处送金灯花 ………………………………… 洪　适 / 170

· 鼓子花 ·

鼓　子 ………………………………………… 洪　适 / 172
鼓子花 ………………………………………… 谢　翱 / 172

· 剪秋罗花 ·

剪秋罗花 ……………………………………… 顾同应 / 174
咏剪白罗花 …………………………………… 孔尚任 / 174

· 剪春罗花 ·

剪春罗 ………………………………………… 洪　适 / 177
咏剪春罗 ……………………………………… 范允临 / 177

· 玉簪花 ·

玉簪花 ………………………………………… 罗　隐 / 179
玉簪花 ………………………………………… 王安石 / 179
赋玉簪花 ……………………………………… 虞　集 / 180
咏玉簪花 ……………………………………… 孔尚任 / 180

· 金钱花 ·

金钱花 ………………………………………… 罗　隐 / 183
金钱花 ………………………………………… 皮日休 / 183
金钱花 ………………………………………… 来　鹄 / 184
金钱花 ………………………………………… 沈钟彦 / 184

· 晚香玉 ·

晚香玉 ………………………………………… 李　楣 / 186

夜来香 …………………………………… 吴秀淑 / 186

・滴滴金・
滴滴金 …………………………………… 谢　荳 / 188

・美人蕉・
红蕉花 …………………………………… 李　绅 / 190
红　蕉 …………………………………… 徐　凝 / 190
美人蕉 …………………………………… 庄大中 / 191

・曼陀罗花・
曼陀罗花 ………………………………… 陈与义 / 193

・珍珠花・
真珠花 …………………………………… 张舜民 / 195
真　珠 …………………………………… 洪　适 / 195

・金银花・
金银花 …………………………………… 杜　达 / 198
金银花 …………………………………… 蔡　淳 / 198

・决明花・
决明花 …………………………………… 顾同应 / 200

・金雀花・
金雀花 …………………………………… 王　越 / 202

・仙人掌・
仙人掌 …………………………………… 李调元 / 204

・金桔・
金　桔 …………………………………… 钱士升 / 206

・百合花・
百合花 …………………………………… 萧　詧 / 208
百合花 …………………………………… 严兆鹤 / 208

· 金莲花 ·

金　莲 …………………………………… 洪　适 / 210

· 山矾花 ·

戏咏高节亭边山矾花二首(并序) ……… 黄庭坚 / 212

· 瑞香花 ·

瑞　香 …………………………………… 钱　起 / 215
瑞香花新开(五首选一) ………………… 杨万里 / 215
瑞　香 …………………………………… 郝　经 / 216

· 绣球花 ·

绣球花 …………………………………… 汤炳龙 / 218
粉团花 …………………………………… 杨　慎 / 218
绣　球 …………………………………… 杨巽峰 / 219
绣球花 …………………………………… 王　正 / 219

· 鹿葱 ·

鹿葱绝句 ………………………………… 陆文圭 / 221

· 木兰花 ·

戏题木兰花 ……………………………… 白居易 / 223
和白使君木兰花 ………………………… 徐　凝 / 223
木　兰 …………………………………… 洪　适 / 224

· 石菖蒲 ·

和子由盆中石菖蒲忽生九花 …………… 苏　轼 / 226
石菖蒲 …………………………………… 孙　作 / 226

· 红豆蔻花 ·

红豆蔻花 ………………………………… 范成大 / 229
红豆蔻花 ………………………………… 高景芳 / 229

· 合欢花 ·

夜　合 …………………………………… 元　稹 / 232
题合欢 …………………………………… 李　颀 / 232
夜合花 …………………………………… 纳兰性德 / 233
夜合花 …………………………………… 乔茂才 / 233

· 石楠花 ·

石楠树 …………………………………… 权德舆 / 235
看石楠花 ………………………………… 王　建 / 235

· 木莲花 ·

木莲并序(三首选二) …………………… 白居易 / 237
木莲花 …………………………………… 袁　枚 / 238

· 太平花 ·

太平花 …………………………………… 陆　游 / 240

· 石竹花 ·

云阳寺石竹花 …………………………… 司空曙 / 242
山舍小轩有石竹二丛哄然秀发
　因成七言二章(选一) ………………… 林　逋 / 242
石竹花二首(选一) ……………………… 王安石 / 243

· 千日红 ·

千日红 …………………………………… 钱兴国 / 245

· 栀子花 ·

咏墙北栀子 ……………………………… 谢　朓 / 247
栀　子 …………………………………… 杜　甫 / 247
和令狐相公咏栀子花 …………………… 刘禹锡 / 248
栀子花 …………………………………… 杨万里 / 249

· 玉蕊花 ·

| 玉　蕊 | 唐彦谦 / 251 |
| 次韵廷秀待制玉蕊 | 周必大 / 251 |

· 山丹花 ·

山丹花	王十朋 / 254
山丹花	杨万里 / 254
山　丹	刘克庄 / 255

· 木芙蓉 ·

秋朝木芙蓉	李嘉祐 / 257
木芙蓉	王安石 / 257
和陈述古拒霜花	苏　轼 / 258
咏江岸拒霜花	赵执信 / 258

· 蜀葵 ·

蜀　葵	陈　标 / 260
蜀　葵	徐　夤 / 260
墨　葵	蒋　忠 / 261
蜀　葵	吕兆麒 / 261

· 黄蜀葵 ·

黄蜀葵花	张　祜 / 264
黄蜀葵	崔　涯 / 264
黄　葵	高　启 / 265
黄蜀葵	史台懋 / 265

· 葵花 ·

| 葵　花 | 梅尧臣 / 267 |
| 葵　花 | 苏　辙 / 267 |

• 萱草 •

萱 ……………………………………… 李　峤 / 270
萱　草 ……………………………………… 朱　熹 / 270
咏常季庭前萱草 …………………………… 姚永概 / 271

• 杜鹃花 •

玉泉寺南三里涧下多深红踯躅，
　繁艳殊常，感惜题诗，以示游者 ……… 白居易 / 273
净兴寺杜鹃一枝繁艳无比 ………………… 韩　偓 / 273
晓行道旁杜鹃花 …………………………… 杨万里 / 274
初见杜鹃花 ………………………………… 苏世让 / 274
白杜鹃花 …………………………………… 陈至言 / 275

• 木香花 •

木　香 ……………………………………… 张　耒 / 277
霞芬馈木香花 ……………………………… 李慈铭 / 277

• 石莲花 •

石莲花 ……………………………………… 钱　起 / 279
石莲花 ……………………………………… 司空曙 / 279

• 玉兰花 •

黄山玉兰 …………………………………… 方大治 / 281
大风惜玉兰花 ……………………………… 赵执信 / 281
玉　兰 ……………………………………… 孙星衍 / 282
虎丘僧舍玉兰 ……………………………… 王　摅 / 282

• 芸香 •

芸　香 ……………………………………… 王禹偁 / 285

• 紫荆 •

见紫荆花 …………………………………… 韦应物 / 287

·木槿花·

咏槿二首(选一) …………………………… 李　白 / 289
题槿花 ……………………………………… 戎　昱 / 289
槿　花 ……………………………………… 崔道融 / 290
白木槿 ……………………………………… 刘　诜 / 290
木　槿 ……………………………………… 舒　頔 / 291

·紫薇花·

见紫薇花忆微之 …………………………… 白居易 / 293
甘露寺紫薇花 ……………………………… 孙　魴 / 293
凝露堂前紫薇花两株每自五月盛开九月乃衰
　………………………………………………… 杨万里 / 294
百日红 ……………………………………… 杨　慎 / 295

·紫藤·

紫藤树 ……………………………………… 李　白 / 297
紫　藤 ……………………………………… 白居易 / 297

·扶桑·

扶　桑 ……………………………………… 杨　方 / 300
佛　桑 ……………………………………… 洪　适 / 300

·夹竹桃·

夹竹桃花 …………………………………… 沈与求 / 303
夹竹桃 ……………………………………… 李开先 / 303
房东夹竹桃花 ……………………………… 归有光 / 304

·木棉花·

咏木棉花 …………………………………… 杭世骏 / 306
东山木棉花盛开坐对成咏(三首选一)
　………………………………………………… 丘逢甲 / 306

· 山茶花 ·

红茶花	司空图 / 309
山茶一树自冬至清明后着花不已	陆　游 / 309
山　茶	归有光 / 310
山　茶	文震亨 / 310
紫山茶	全祖望 / 311

· 腊梅 ·

蜡　梅	杨万里 / 313
荀秀才送蜡梅十枝奇甚为赋此诗	陆　游 / 313
小竹林蜡梅盛开兼赠主人	袁宏道 / 314
黄梅次韵	孙星衍 / 314

· 桂花 ·

咏　桂	范　云 / 317
庐山桂	白居易 / 317
红桂树	李德裕 / 318
次韵蔡瞻明木犀八绝句（选二）	洪　适 / 319
月桂花	朱　松 / 319
桂	唐孙华 / 320

· 碧桃花 ·

| 碧桃花 | 张弘范 / 322 |
| 神光寺看碧桃花 | 许　友 / 322 |

· 桃花 ·

大林寺桃花	白居易 / 325
千叶桃花	杨　凭 / 325
桃　花	文　同 / 326
桃　花	沈荣俊 / 326

白桃花次韵……………………………… 孙星衍 / 327

• 杏花 •

杏　花……………………………………… 庾　信 / 329

杏　花……………………………………… 温庭筠 / 329

杏　花……………………………………… 吴　融 / 330

杏　花……………………………………… 林　逋 / 330

和梅圣俞杏花……………………………… 欧阳修 / 331

杏花杂诗…………………………………… 元好问 / 331

• 梨花 •

梨　花……………………………………… 钱　起 / 334

千叶红梨花………………………………… 欧阳修 / 334

梨　花(三首选一)………………………… 陆　游 / 335

梨　花……………………………………… 元好问 / 336

梨　花……………………………………… 吴承恩 / 336

• 李花 •

李花二首(选一)…………………………… 韩　愈 / 339

李　花……………………………………… 李商隐 / 340

李…………………………………………… 苏　轼 / 340

汤田早行见李花甚盛二首………………… 杨万里 / 341

• 石榴花 •

咏山榴……………………………………… 沈　约 / 343

咏邻女东窗海石榴………………………… 李　白 / 343

山石榴……………………………………… 杜　牧 / 344

山石榴花…………………………………… 施肩吾 / 344

千叶石榴花………………………………… 子　兰 / 345

题榴花……………………………………… 朱　熹 / 345

榴　花 …………………………………… 张弘范/346

·樱桃花·

北楼樱桃花 ………………………………… 李　绅/348
樱桃花 …………………………………… 范成大/348
樱桃花 …………………………………… 方　回/349
樱桃花 …………………………………… 姚　燮/349

·林檎花·

月临花 …………………………………… 元　稹/352
来禽花 …………………………………… 陈与义/352
咏林檎 …………………………………… 刘子翚/353

·郁李花·

惜郁李花 ………………………………… 白居易/355
次韵郁李花 ……………………………… 赵　抃/355

牡丹

牡丹,被誉为百花之王,是富贵吉祥的象征。至迟在隋朝时,它就已成为名贵的观赏花卉。到了唐代,武则天称帝,据传她曾于严冬之中诏令百花齐放,为之庆贺,"时至百花多开,唯牡丹不从",武则天一怒之下便把牡丹贬至洛阳,从此,洛阳牡丹便名闻天下。不仅以芳姿艳质博人垂爱,且以它的刚直不阿深得美誉,"近来无奈牡丹何,数十千金买一窠",足见它在人们心目中的地位。宋代,牡丹已从洛阳走出,在中原各地广泛扎根。到了明代,亳州(今属安徽)的牡丹盛极一时,后来,曹州(今山东菏泽)的牡丹又为天下之冠了。

牡丹系毛茛科多年生落叶灌木,性喜肥怕潮。又名"洛阳花""富贵花""百两金""木芍药"等。经过我国人民的辛勤培育,它现在已是色有红、白、黄、紫、绿之别,花有单瓣、重瓣、千叶之异,"深红醉紫各新样,雪白鹅黄非旧名",真可谓美不胜收,赏不胜赏。

牡丹原产我国,国外曾有人把它誉为我国的国花。今天,色彩绚丽、姿态万千、雍容华贵的牡丹在故乡的土地上沐浴春风,竞相开放,不正象征着我们伟大祖国兴旺发达、繁荣富强吗!

红 牡 丹①

王 维②

绿艳闲且静③,红衣浅复深④。
花心愁欲断,春色岂知心。

【注释】
①此诗录自《王右丞集》卷六。
②王维(701—761,一说698—759),唐诗人,画家。字摩诘,原籍祁(今山西祁县),其父迁居蒲州(治今山西永济西),遂为河东人。官至尚书右丞,故世称"王右丞"。晚年居蓝田辋川,过着亦官亦隐的优游生活。苏轼称他诗中有画,画中有诗。著作有《王右丞集》。
③描写牡丹枝叶的状态。
④描写牡丹花的色彩。红衣,喻花片。

赏 牡 丹①

刘禹锡②

庭前芍药妖无格③,池上芙蕖净少情④。
唯有牡丹真国色⑤,花开时节动京城⑥。

【注释】
①此诗录自《刘禹锡集》卷二五。
②刘禹锡(772—842),唐文学家、哲学家。字梦得,洛阳(今属河南省)人。贞元间擢进士第,登博学鸿词科。授监察御史。参加王叔文集团失败后,贬郎州司马,迁连州刺史。后经裴度力荐,任太子宾客,加检校礼部尚书,故世称"刘宾客"。著作有《刘梦得文集》。
③妖:妖艳。无格:没有规矩,谓芍药花妖艳得太过分了。

④芙蕖:即荷花。净少情:谓荷花太素而缺少风情。
⑤国色:形容牡丹色极艳丽,为群芳之首。
⑥动:哄动,惊动。京城:即国都。

牡 丹①

皮日休②

落尽残红始吐芳③,佳名唤作百花王④。
竞夸天下无双艳⑤,独占人间第一香。

【注释】

①此诗录自《渊鉴类函》卷四〇五。《皮子文薮》《全唐诗》均未收录。
②皮日休(834?—883?),唐文学家。字逸少,后改袭美,襄阳(今属湖北襄樊市)人。早年住鹿门山,自号鹿门子、间气布衣等。咸通进士,曾任太常博士。后参加黄巢起义军,任翰林学士。旧史说他因故为黄巢所杀,一说起义失败后为唐室所杀,或谓兵败后流落江南病死。诗文与陆龟蒙齐名,人称"皮陆"。著作有《皮子文薮》。
③残红:泛指凋零的百花。
④牡丹被称为花王,源于《神农本草经》。
⑤竞夸:争相夸耀。

朱红牡丹①

王禹偁②

渥丹容貌着霓裾③,何事僧轩只一株④?
应是吴宫歌舞罢,西施因醉误施朱⑤。

【注释】

①此诗录自《小畜集》卷一一。
②王禹偁(954—1001),北宋文学家。字元之,巨野(今属山东)人。太宗时进士,任右拾遗,以刚直敢言著称,因直书史事为宰相不满,出知黄州,又迁蕲州,后病死。著作有《小畜集》。
③渥丹:形容浓而有光泽的红色。霓裾:用彩虹制作的衣服。李白《梦游天姥吟留别》诗:"霓为衣兮风为马。"
④何事:相当于"为什么"。僧轩:寺庙。
⑤西施:一作"先施"。春秋末年越国苎罗(今浙江诸暨南)美女,由越王勾践献给吴王夫差,成为夫差最宠爱的妃子。朱:代指红色化妆品。

紫 牡 丹①

梅尧臣②

叶底风吹紫锦囊③,宫炉应近更添香④。
试看沉色浓如泼⑤,不愧逢君翰墨场⑥。

【注释】

①此诗录自《梅尧臣集编年笺校》卷二九。
②梅尧臣(1002—1060),北宋诗人。字圣俞,宣城(今属安徽)人。因宣城古名宛陵,故世称"梅宛陵"。少年应进士不第,历任州县官属。中年后赐进士出身,授国子监直讲,官至尚书都官员外郎。著作有《宛陵先生文集》。
③锦囊:用锦制作的袋子,古人多用以藏诗稿或机密文件。此处意为双关,其一喻指紫牡丹的花状,其二暗指宫中佩带锦囊的官员来赏花的很多。
④宫炉:宫廷中的香炉。也暗示出赏花的地点在宫中园圃。更添香:谓香炉的香为本来就香的牡丹花又增添了香味。
⑤沉色:深沉的颜色。浓如泼:形容紫牡丹花的颜色浓郁如泼墨一般。
⑥翰墨场:又称"翰墨林",古称宫中专供写作的地方。唐张说《恩制赐食于丽正殿书院宴赋得林字》诗:"东壁图书府,西园翰墨林。"全句暗言大家纷纷写诗作文来咏颂紫牡丹。

牡 丹 吟①

邵 雍②

牡丹花品冠群芳③,况是其间更有王④。
四色变而成百色⑤,百般颜色百般香⑥。

【注释】

①此诗录自《伊川击壤集》卷一七。
②邵雍(1011—1077),北宋哲学家。字尧夫,谥康节,其先范阳(治今河北涿县)人,幼年随父迁共城(今河南辉县)。隐居苏门山百源之上,后人因称之"百源先生"。屡次授官不赴,后居洛阳,与司马光、吕公著等人从游甚密。著作有《皇极经世》《伊川击壤集》。
③花品:花中的品第。冠:谓居于首位。
④况:何况。王:指牡丹花中的优良品种。据明代王像晋《群芳谱》说:"大抵洛阳之花以姚魏为冠。"
⑤牡丹最初有红、紫、黄、白四种,后经培育,品种繁多,故云。
⑥般:犹"样""种类"。

洛阳春吟(八首选二)①

邵 雍②

洛阳人惯见奇葩③,桃李花开未当花④。
须是牡丹花盛发,满城方始乐无涯⑤。

桃李花开人不窥⑥,花时须是牡丹时⑦。
牡丹花发酒增慣⑧,夜半游人犹未归⑨。

【注释】

①此诗录自《伊川击壤集》卷一九。

②邵雍:见5页注②。
③奇葩(pā):稀有的好花。
④此句谓洛阳人并未把桃李的花当作花欣赏。
⑤方始:才开始。无涯:无边。形容其乐无穷。
⑥窥(kuī):看。
⑦花时:指赏花的时令。
⑧增惯:涨价。惯,通"贯",原为串钱的绳子,又称"钱串",这里代指钱。古人有赏花饮酒的习俗,所以牡丹花开时,酒也涨价了。
⑨此句谓由于牡丹的美丽,使得游人留连忘返。

游太平寺净土院,观牡丹中有淡黄一朵,特奇,为作小诗①

苏 轼②

醉中眼缬自斓斑③,天雨曼陀照玉盘④。
一朵淡黄微拂掠,鞓红、魏紫不须看⑤。

【注释】

①此诗录自《苏轼诗集》卷一一。太平寺:寺名。据《咸淳毗陵志》载,太平寺,在郡(今江苏常州)东门外,齐高祖创建,宋改"太平兴国禅寺"。后亦简称"太平寺"。
②苏轼(1037—1101),北宋文学家、书画家。字子瞻,号东坡居士,眉山(今属四川)人。宋仁宗嘉祐二年(1057)进士,官至翰林学士、知制诰、礼部尚书。在政治上属于旧党,但也有改革弊政的要求,这种态度使他受到新旧两党的排斥和打击,先后被贬到黄州、惠州、儋州等地,受尽颠沛流离之苦,后死于常州。著作有《东坡七集》等。
③眼缬(xié):眼睛发花。斓斑:亦作"斑斓",形容颜色错杂灿烂。
④雨:用作动词,犹落下。曼陀:曼陀罗花的缩称。据《法华经》载,佛说法已入于无义量处三昧,是时,天雨曼陀罗花。玉盘:即月亮。句谓这株淡黄牡丹像是从天而降的仙花。
⑤鞓(tīng)红、魏紫:二者均为牡丹中的好品种名。不须看:犹言"用不着看""不必看"。衬托淡黄牡丹的美丽。

绿牡丹①

侯几道②

别翻新谱洛阳明③,疑是花残万叶盈④。
萼下闾门还授色⑤,珠来金谷好停声⑥。
便令禁苑尊青黛⑦,真见栏杆驻碧城⑧。
折入文窗纱并绿⑨,剪刀携得丽人情。

【注释】

①此诗录自《天启崇祯两朝遗诗》卷六。
②侯几道,字玄演,明代天启、崇祯时嘉定(治今四川乐山)人。其余不详。
③新谱:新编的花谱。此似指明代王象晋编写的《群芳谱》。
④形容绿牡丹花与叶同为绿色,故云。
⑤闾门:指闾娵(lú jū),古代的美女。句谓闾娵到此花下,还须粉饰装扮。
⑥珠:指绿珠,西晋石崇的爱妾,善吹笛。金谷:石崇筑的金谷园,故址在今河南洛阳市东北。句谓绿珠见了此花也不禁放下笛子来观赏。
⑦禁苑:帝王的园囿。青黛:青黑色。
⑧碧城:仙人居住的城。《上清经》:"元始(天尊)居紫云之阙,碧霞为城。"
⑨折:采折。文窗:有花纹的窗子,一般多指女性住房。

黑牡丹①

程先贞②

春烟笼宝墨,入夜看来难③。
恐奏清平调④,杨妃砚滴干⑤。

【注释】

①此诗录自《海右陈人集》卷下。作者原注诗题曰:"俗名墨洒金,王北山贻《牡丹谱》载此。余亦曾于友人处见之,云其汁可以为书。"
②程先贞(1607—1673),字正夫,清德州(今属山东)人。官至工部员外郎。著作有《海右陈人集》。
③二句形容黑牡丹的花色极黑。
④据《异人录》载,唐玄宗植牡丹花数株于沉香亭前,花方盛开,玄宗与妃前往观赏,李龟年手持檀板押众乐人前将欲歌,玄宗曰,赏名花,对妃子,焉用旧乐。遂命李白进《清平乐》词三章。
⑤杨妃:名杨太真,小名玉环,得唐玄宗宠爱,封为贵妃。

并头牡丹诗(三首选一)①

袁 枚②

两枝春作一枝红,春似生心斗化工③。
远望恰疑花变相,鸳鸯闲倚采云中④。

【注释】

①此诗录自《小仓山房诗集》卷二四。
②袁枚(1716—1798),字子才,号简斋、随园老人,清浙江钱塘(今杭州)人。乾隆进士,曾任江宁等地知县。辞官后侨居江宁,筑园林于小仓山,名"随园"。著作有《随园全集》。
③生心:犹有意、故意。化工:亦谓天工,旧时谓创造万物的天。
④采云:采,通"彩",即彩云。喻指绿叶。

元日牡丹诗(七首选二)①

袁 枚②

魏紫姚黄元日开③,真花人当假花猜④。
那知羯鼓催春早⑤,富贵偏从意中来⑥。

约束红香冷更〔……〕飘扬霞佩贺新年⑧。

果然不愧花王号,独〔……〕风第一天⑨。

【注释】

①此诗录自《小仓山房诗集》卷二六。元日:农历正月初一。
②见8页注②。
③魏紫、姚黄:牡丹中的两个品种名。
④因牡丹一般都在晚春开花,正月开花较为罕见,故云。
⑤羯(jié)鼓:古击乐器,南北朝时经西域传入内地,盛行于唐。据《羯鼓录》载,鼓的形状"如漆桶,下以小牙床承之,击用两杖"。
⑥富贵:代指牡丹花。宋周敦颐《爱莲说》:"牡丹,花之富贵者也。"
⑦妍:艳美。
⑧霞佩:亦作"霞帔",古时女子的披服,此处喻绿叶。
⑨正月、二月、三月为春天,元日为春季第一天,故云。

牡 丹①

孙星衍②

浓香艳质自天然③,栽入楼台望若仙,

应笑东君相识晚④,不教开占百花先⑤。

【注释】

①此诗录自《孙渊如诗文集·冶城遗集》上卷。
②孙星衍(1753—1818),清经学家。字渊如,江苏阳湖(今江苏武进)人。对经史、文字、音韵、金石碑版等都有涉及,精校勘,擅诗文。官山东督粮道。著作有《孙渊如诗文集》等。
③天然:自然生成。
④东君:传说中的司春之神。
⑤因牡丹一般于晚春开花,故云。

咏白牡丹①

潘 韶②

千红万紫斗芳春③,羌独生成洁白身④。
似厌繁华存太素⑤,甘抛富贵作清贫。
琼葩到底羞争艳⑥,国色原来不染尘⑦。
昨夜月明浑似水⑧,只疑瑶岛集仙真⑨。

【注释】

①此诗录自《天台诗存》卷一一。
②潘韶,字舜佐,号曲江,清天台(今属浙江)人。太学生。
③千红万紫:泛指百花。
④羌(qiāng):句首语助词,无实义。
⑤太素:犹朴素。汉班固《东都赋》:"昭节俭,示太素。去后宫之丽饰,损乘舆之服御。"
⑥琼葩(pā):玉做的花,此代指白牡丹。
⑦国色:见3页注⑤。不染尘:不为世尘沾染。
⑧浑:简直。
⑨瑶岛:亦称"瑶台"。传说中的神仙居处。仙真:泛指仙物。

梅花

梅花，属蔷薇科落叶小乔木或灌木。它品种多、寿命长。据载现在已有二百三十多个品种。著名的有绿萼、骨红、照水、龙游、粉梅、直脚等。它的寿命可长达数百年。其花形美丽而不妖冶，其花味清韵且又芳香，自古以来就深受人们的喜爱。早在《尚书》《山海经》及《诗经》里就有关于梅花的记载，迄今已有近四千年的历史了。

人们喜爱梅花，不仅喜爱它的香姿，更喜爱它的品格。它迎霜斗雪，在冰封大地的酷寒中绽放出秀丽的花朵，给世界带来生机，给人们以鼓舞。所以古人以梅、兰、竹、菊为"四君子"，又把松、竹、梅誉为"岁寒三友"。革命先辈陈毅同志也曾写诗咏梅："隆冬到来时，百花迹已绝。红梅不屈服，树树立风雪。"最近，南京市又把这象征中华民族不屈性格的梅花定为"市花"。梅花的精神将激励我们永远前进。

雪里觅梅花①

萧　纲②

绝讶梅花晚③，争来雪里窥。下枝低可见，高处远难知。俱羞惜腕露④，相让道腰羸⑤。定须还剪采，学作两三枝⑥。

【注释】

①此诗录自《文苑英华》卷三二二。
②萧纲(503—551)，即梁简文帝。字世缵，南兰陵(今江苏常州西北)人。梁武帝的第三子，在位两年，为叛将侯景所杀。原有集，已佚，后人辑有《梁简文帝集》。
③绝讶：非常惊奇。
④腕露：露出手腕。古礼教规定，妇女的皮肤一般不外露，此时为摘梅而使手腕露出。故云。
⑤道：诉说。腰羸(léi)：谓腰部累乏。
⑥末二句大意是：虽然很累了，但回去以后还一定要剪裁彩绸，做出几朵梅花来。

早　梅①

张　谓②

一树寒梅白玉条③，迥临村路傍溪桥④。
不知近水梅花发⑤，疑是春来雪未消。

【注释】

①此诗录自《渊鉴类函》卷四〇〇。
②张谓，字正言，唐代河内(今河南沁阳市)人。登天宝初进士第。大历间官礼部侍郎、三典贡举。刻苦好学，亦擅诗，曾有集传于世。

③白玉条:谓枝条上缀满花朵,好像是以白玉制成。
④迥临:高高地临立。村路:山村小路。溪桥:山溪上的小桥。
⑤发:怒放。

江 梅①

杜 甫②

梅蕊腊前破③,梅花年后多④。绝知春意好,最奈客愁何?雪树元同色⑤,江风亦自波。故园不可见⑥,巫岫郁嵯峨⑦。

【注释】
①此诗录自《杜诗详注》卷一八。江梅:一名"野梅",花单瓣,清香。
②杜甫(712—770),唐代大诗人。字子美,曾自称"少陵野老",人亦称"杜少陵"。其先代由原籍襄阳(今属湖北)迁居巩县(今属河南)。开元后期举进士不第,遂漫游各地。及安禄山兵陷长安,乃逃至凤翔谒见肃宗,官左拾遗,故世称"杜拾遗"。他曾一度在剑南节度使严武幕中任参谋,严武表为检校工部员外郎。故世又称"杜工部"。晚年携家出蜀,病死湘中。著作有《杜工部集》。
③蕊(ruǐ):花苞。腊:腊月,即农历十二月。
④年后:春节以后。
⑤元:通"原"。原本。因江梅花为灰白色,故云与雪同色。
⑥故园:故乡。
⑦巫岫(xiù):即巫峡,长江三峡之一。嵯峨(cuó é):形容山势高峻貌。

早 梅①

齐 己②

万木冻欲折③,孤根暖独回④。前村深雪里,昨夜一枝开。风递幽香去⑤,禽窥素艳来⑥。明年犹应律⑦,先发映春台⑧。

【注释】

①此诗录自《白莲集》卷六。
②齐己(863?—937?),唐诗僧。本姓胡,名得生,益阳(今属湖南)人。尝住江陵龙兴寺,自号衡岳沙门。著作有《白莲集》《风骚旨格》等。
③折:折断。天气寒冷,树木变脆易断,故云。
④此句谓唯独梅树能保持原来的品性。
⑤递:传递、传送。幽香:清香。
⑥禽:泛指鸟类。素艳:指素雅的梅花。
⑦应律:遵循规律。
⑧发:开花。春台:指美好的游览地。《老子》:"众人熙熙,如享太牢,如登春台。"

山园小梅(二首选一)①

林 逋②

众芳摇落独暄妍③,占尽风情向小园④。
疏影横斜水清浅⑤,暗香浮动月黄昏。
霜禽欲下先偷眼⑥,粉蝶如知合断魂⑦。
幸有微吟可相狎⑧,不须檀板共金尊⑨。

【注释】

①此诗录自《林和靖诗集》卷二。
②林逋(967—1029),北宋诗人。字君复,浙江钱塘(今杭州)人。隐居西湖孤山,种梅养鹤,终身不仕,也不婚娶,人称"梅妻鹤子"。卒谥和靖先生。著作有《林和靖诗集》。
③众芳:泛指百花。摇落:凋零衰落。暄妍(xuān yán):原意为天气和暖,此引申指梅花茂盛美好。
④风情:犹丰采,神采。
⑤疏影:形容梅花稀疏有致。
⑥霜禽:泛指白色的冬鸟。

⑦如:如果。合:会、该。二者均为推度之词,因冬日无蝶,故云。
⑧微吟:谦称自己的诗作。狎(xiá):原意为亲近,此犹言玩味。
⑨檀板:檀木制成的拍板,此代指歌乐。金尊:金制酒杯,此代指饮酒。尊,通"樽"。

同诸子城南园赏梅十首(选一)①

邵 雍②

梅花四种或红黄③,颜色不同香颇同。
更远也须重一到④,看看随水又随风。

【注释】
①此诗录自《伊川击壤集》卷一三。诸子:指门徒、学生。
②邵雍:见5页注②。
③四种:按梅花的枝条姿态,可分直脚梅、杏梅、照水梅及龙游梅四种。
④更远:犹言即使再远。

红梅三首(其二)①

苏 轼②

雪里开花却是迟,何如独占上春时③。
也知造物含深意④,故与施朱发妙姿⑤。
细雨裛残千颗泪⑥,轻寒瘦损一分肌。
不应便杂妖桃杏⑦,数点微酸已著枝。

【注释】

①此诗录自《苏轼诗集》卷二一。红梅:据《花镜》载,此花"千叶,实少,来自闽湘,有福州红、潭州红名"。
②苏轼:见6页注②。
③上春:农历正月。
④造物:古人以为天造万物,故称天为"造物"。
⑤施朱:涂抹红色化妆品。
⑥细雨:小雨。裛(yì):通"浥",水下流的样子。
⑦杂:杂厕,混杂。妖:形容茂盛艳丽。

梅　花①

王安石②

墙头数枝梅,凌寒独自开③。
遥知不是雪,为有暗香来④。

【注释】

①此诗录自《王文公文集》卷七七。
②王安石(1021—1086),北宋政治家、思想家、文学家。字介甫,号半山,抚州临川(今属江西)人。庆历进士,初知鄞县。神宗熙宁二年(1069),被任为参知政事,次年拜相。因推行新法受到保守派的反对,于熙宁七年辞退,第二年再相,熙宁九年再辞。退居江宁(今南京市),封荆国公,世称"王荆公",卒谥文。工诗擅文,为"唐宋八大家"之一。著作多已散佚,现存有《临川集》《临川集拾遗》。
③凌寒:犹冒雪。
④为(wèi):因为。

缃　梅①

陆　游②

疏影横斜事已非,小园日暮锁芳菲③。

素绡应怯东风思④,故着重重浅色衣⑤。

香似海沉黄似酒⑥,不禁风雪最迟开⑦。
放翁欲作梅花谱⑧,蜡屐搘筇日日来⑨。

红梅眼看风吹尽,更有缃梅亦已无。
天与色香天自爱⑩,不教一点上蜂须⑪。

【注释】

①此诗录自《陆游集》卷二六。缃梅:又名"黄香梅",花小,心瓣微黄,香气尤烈。

②陆游(1125—1210),南宋大诗人。字务观,号放翁,山阴(今浙江绍兴)人。绍兴中应礼部试,为秦桧所黜。孝宗即位,赐进士出身。曾任镇江、隆兴通判,后任夔州通判。乾道八年(1172)入四川宣抚使王炎幕府,投身军旅,官至宝章阁待制。政治上主张坚决抗金。一生创作很多,今存诗九千多首。著作有《剑南诗稿》《渭南文集》《南唐书》及《老学庵笔记》等。

③锁:原意为封锁,此引申为笼罩。芳菲:代指梅花。

④素绡:代指白色的花瓣。东风:春风。思:思念。

⑤故着:故意穿上。

⑥海沉:即沉香,又名"水沉"。植物名,其心材为著名熏香料。

⑦不禁:犹经受不了,抵抗不住。

⑧放翁:陆游自号。

⑨蜡屐(jī)搘(zhī)筇(qióng):穿着涂蜡的木屐,拄着拐杖。屐和筇皆为古人出游时所必备的用品。

⑩与:给予。爱:怜惜。

⑪因冬日无蜂采蜜,故云。

同英粹中赋梅①

赵秉文②

寒梅雪中春,高节自一奇③。人间无此花,风月恐未宜④。不为爱冷艳⑤,不为惜幽姿⑥。爱此骨中香,花余嗅空枝⑦。影斜清浅处,香度黄昏时⑧。可使饥无食,不可无吾诗。

【注释】

①此诗录自《闲闲老人滏水文集》卷四。
②赵秉文(1159—1232),金文学家。字周臣,号闲闲老人,磁州滏阳(今河北磁县)人。大定进士,官至礼部尚书。著作有《闲闲老人滏水文集》。
③高节:高尚的节操。
④风月:清风明月,原指美好的景色,此似代指仙境。
⑤冷艳:淡雅的艳质。多形容耐寒的花。
⑥幽姿:幽妙的姿态。
⑦花余:花落之后。
⑧此二句本宋林逋《山园小梅》诗:"疏影横斜水清浅,暗香浮动月黄昏"句。

白　梅(五十八首选一)①

王　冕②

冰雪林中著此身③,不同桃李混芳尘④。
忽然一夜清香发,散作乾坤万里春⑤。

【注释】

①此诗录自《中国历代诗歌选》下编。
②王冕(1287—1359),元画家、诗人。字元章,号煮石山农、饭牛翁、会稽外史、梅花屋主等,诸暨(今属浙江)人。不赴荐举,归隐九里山,著书卖画。据传朱元璋攻下婺州,授咨议参军,旋卒。著作有《竹斋集》。
③著:"着"之本字,置放。
④混:混杂。
⑤乾坤:原为二卦名,后代指天地、世界。

鸳 鸯 梅①

冯子振②

并蒂连枝朵朵双,偏宜照影傍寒塘③。
只愁画角惊吹散④,片影分飞最可伤。

【注释】

①此诗录自《元诗选》三集。
②冯子振,字海粟,元攸州(今湖南攸县)人。博洽经史。官承事郎、集贤待制。著作有《海粟集》。
③宜:适宜。傍:依傍。
④画角:古管乐器,出自西羌。以竹木或皮革做成,因外加彩绘,故名。古时军中常用以警昏晓。

赋得红梅花①

曹雪芹②

疏是枝条艳是花,春妆儿女竞奢华③。
闲庭曲槛无余雪④,流水空山有落霞⑤。
幽梦冷随红袖笛⑥,游仙香泛绛河槎⑦。
前身定是瑶台种⑧,无复相疑色相差⑨。

【注释】

①此诗录自《红楼梦》第五十回。
②曹雪芹(?—1763,一作 1764),清代著名小说家。名霑,字梦阮,号雪芹、芹圃、芹溪,为满洲正白旗"包衣"人。他早年经历了一段权贵家庭的繁华生活,后因家道衰落,趋于艰困。晚年居北京西郊,贫病而死。经过十年的努力,创作了古典小说《红楼梦》。

③竞:相互争耀。奢华:异常华丽。
④闲庭:幽静的庭院。曲槛:回曲的栏杆。
⑤落霞:晚霞。
⑥幽梦:酣美的梦。红袖:代指美女。
⑦绛:深红色。河槎:亦称"星槎",古神话传说中往来于天上的木筏。
⑧瑶台:见10页注⑨。
⑨色相:容貌、形象。

枯 梅①

吴 淇②

奇香异色著林端③,百十年来忽兴阑④。

尽把精华收拾去,止留骨格与人看⑤。

【注释】

①此诗录自《皖雅初集》卷三三。
②吴淇,字行高,号瞻菉,清代歙县(今属安徽)人。乾隆诸生。
③此句谓梅未枯死时的情形。
④百十年:虚指数,形容树已很古老了。兴阑:兴致尽没,婉言梅已枯死。
⑤骨格:双关语,一指枯梅的枝干,一指枯梅留下的骨气与风格。

绿 萼 梅①

骆绮兰②

梅格已孤高③,绿萼更幽绝④。古干盘瘦蛟⑤,数朵点苍雪⑥。尤爱未开时,碧意枝头结。宛似空谷姝,倚竹无言说⑦。水边淡荡风⑧,庭际黄昏月。谁无惜花心,春来莫轻折。

【注释】

①此诗录自《金陵诗征》卷四七。绿萼梅:梅之一种。此梅树蒂呈纯绿色,故名。
②骆绮兰,女,字佩香,清代句容(今属江苏)人。著作有《听秋轩诗集》。
③格:品格。孤高:孤僻清高。
④幽绝:幽美罕见。
⑤此句谓古老的树干就像一条盘曲的蛟龙。
⑥苍雪:谓在绿萼梅的辉映下,雪也变成了青色。
⑦此二句脱于唐杜甫《佳人》诗:"绝代有佳人,幽居在空谷……天寒翠袖薄,日暮倚修竹。"空谷姝:深山里的美女。
⑧淡荡风:恬静的春风。

菊花

梅、兰、竹、菊四君子中的菊花,在我国已有三千多年的历史了。早在《礼记·月令》中就有"季秋之月,菊有黄华(花)"的记载。自那以后,历朝历代,咏菊之诗文屡屡问世,不胜枚举。屈原喜爱"夕餐秋菊之落英";陶渊明经常"采菊东篱下"。至于面对菊花"犹得奉清觞",那就更多了。人们之所以喜爱菊花,不仅因为它美丽端雅,更重要的是因为它具有"发在林凋后,繁当露冷时"的顽强精神和高尚品格。

菊花还有一个很明显的特点,就是别名多、种类多。据《本草经》载,菊花就有"节花""傅公""延年""白花""日精""更生"等别名。它的品种,据统计,目前已达三千余种。

另外,关于菊花,还有许多优美的传说。其中之一就是说饮菊花酒能延年益寿。所以古诗中不乏"当携玉枕就花醉,一饮不辞三百杯"的句子。很多传说固然没有科学根据,但却给菊花增添了神秘色彩。

现在,我国许多城市每年都在深秋季节举行菊花展览,看着那些千姿百态、清高雅致的菊花,游客们能不啧啧赞赏而留连忘返吗?

菊①

袁 崧②

灵菊植幽崖③,擢颖凌寒飙④。
春露不染色,秋霜不改条⑤。

【注释】

①此诗录自《渊鉴类函》卷四〇九。
②袁崧,一称袁山松,晋阳夏(今河南太康西北)人。少有才名,历官吴郡太守。孙恩之乱,崧守沪渎城,城陷被害。
③灵菊:神奇的菊花。幽崖:深崖。
④擢颖:形容生长茂盛。寒飙(biāo):寒风。
⑤改条:改变枝叶的形态。

和令狐相公玩白菊①

刘禹锡②

家家菊尽黄,梁园独如霜③。莹静真琪树④,分明对玉堂⑤。仙人披雪氅⑥,素女不红装⑦。粉蝶来难见⑧,麻衣拂更香⑨。向风摇羽扇,含露滴琼浆⑩。高艳遮银井⑪,繁枝覆象床⑫。桂丛惭并发,梅蕊妒先芳。一入瑶华咏⑬,从兹播乐章⑭。

【注释】

①此诗录自《刘禹锡集》卷三三。令狐相公:似为令狐绹(táo),宣宗时,曾官至宰相。
②刘禹锡:见2页注②。
③梁园:一作"梁苑",园囿名,汉梁孝王筑以游赏迎宾之所,故址在今河

南开封市东南。

④莹静：晶莹静美。琪树：传说仙宫里的仙树。
⑤玉堂：传说中的神仙居处。
⑥雪氅：白色的大衣。自此以下八句，皆喻菊花之白。
⑦素女：神话中善弦歌的仙女。
⑧粉蝶：白色的蝴蝶。
⑨麻衣：古代的常服，又称"深衣"。即古时诸侯、大夫及士平日闲居时穿的衣服。《诗经·曹风·蜉蝣》："蜉蝣掘阅，麻衣如雪。"
⑩琼浆：白玉色的水。
⑪银井：意同"金井"。古诗词中常用以指宫廷园林里的井。此处形容在白菊花的辉映下，井也泛出银光，故称"银井"。
⑫覆：遮盖，笼罩。象床：象牙制作的床。
⑬瑶华：即瑶花，形容洁白如玉的仙花，此指白菊花。
⑭乐章：泛指咏颂菊花的诗。

重阳席上赋白菊①

白居易②

满园花菊郁金黄③，中有孤丛色似霜。
还似今朝歌酒席，白头翁入少年场。

【注释】

①此诗录自《白居易集》卷二七。重阳：节令名，农历九月初九为重阳，又称"重九"。古人常于此日会宴登高。
②白居易(772—846)，唐代大诗人。字乐天，晚年号香山居士，其先太原(今属山西)人，后迁居下邽(今陕西渭南东北)。贞元进士，授秘书省校书郎。后得罪权贵，贬为江州司马。长庆初任杭州刺史，宝历初任苏州刺史，后官至刑部尚书。著作有《白氏长庆集》。
③郁金：植物名。块根的断面为金黄色。

菊　花①

元　稹②

秋丛绕舍似陶家③,遍绕篱边日渐斜。
不是花中偏爱菊④,此花开尽更无花。

【注释】

①此诗录自《元氏长庆集》卷一六。
②元稹(779—831),唐诗人。字微之。河南(今河南洛阳)人。早年家贫,举贞元九年(793)明经科,十九年书判拔萃科。曾依附宦官,官至同中书门下平章事。著作有《元氏长庆集》、传奇《莺莺传》等。
③陶家:指晋陶渊明,因其酷爱菊花,故云。
④偏爱:特别喜爱。

不第后赋菊①

黄　巢②

待到秋来九月八,我花开后百花杀③。
冲天香阵透长安④,满城尽带黄金甲⑤。

【注释】

①此诗录自《全唐诗》卷七三三。不第:参加科举考试没有被录取。据《全唐诗》注,黄巢"曾举进士不第"。而本传中却未载此事。
②黄巢,唐末农民起义领袖。曹州冤句(今山东菏泽)人。私盐贩出身,乾符二年(875)率众响应王仙芝起义。王仙芝死后,被推为领袖,称"冲天大将军",年号王霸。王霸三年(880),率军攻克东都洛阳,即帝位,国号"大齐"。后因失利,不屈自尽。
③杀:枯死,凋零。
④长安:我国古都之一。故城有二,一在今西安市西北,一即今西安市,

唐曾建都于此。
⑤黄金甲：喻指黄色的菊花。

题 菊 花①
黄 巢②

飒飒西风满院栽③，蕊寒香冷蝶难来④。
他年我若为青帝⑤，报与桃花一处开⑥。

【注释】
①此诗录自《全唐诗》卷七三三。
②黄巢：见25页注②。
③飒飒(sà)：象声词，形容风声。西风：即秋风。
④蕊(ruǐ)：本为花蕊，此代指花。
⑤他年：犹言以后。青帝：传说中的司春之神。
⑥一处：犹一道、一起。

戏答王观复酴醿菊二首(选一)①
黄庭坚②

谁将陶令黄金菊③，幻作酴醿白玉花④。
小草真成有风味⑤，东园添我老生涯⑥。

【注释】
①此诗录自《山谷诗集》卷一五。酴醿菊：菊之一种，又叫"酴醿白"，花白色，茎有刺，据传出自湘州。
②黄庭坚(1045—1105)，北宋诗人、书法家。字鲁直，号山谷道人、涪翁，分宁(今江西修水)人。治平进士，以校书郎为《神宗实录》检讨官，迁著作佐郎。后以"修实录不实"罪遭贬。著作有《山谷集》等。
③陶令：即晋陶渊明，因其做过彭泽县令，故称。

④幻:变幻,变化。
⑤小草:谓酴醾菊的幼苗。真成:真的。风味:犹情趣。
⑥此句谓给晚年生活增添了乐趣。

十月望日买菊一株颇佳(二首选一)①

王十朋②

秋去菊方好③,天寒花自香。
深怀傲霜意,那肯媚重阳④。

【注释】

①此诗录自《梅溪文后集》卷三。望日:一般称夏历每月十五日为"望日"。
②王十朋(1112—1171),字龟龄,南宋温州乐清(今属浙江)人。初在梅溪乡间讲学,秦桧死后应试,中进士第一名。任秘书郎、侍御史等职,官至龙图阁学士。著作有《梅溪文后集》。
③去:离开,离去。因此菊买于十月,故云。
④媚:谄媚、讨好。重阳:见24页注①。

桃 花 菊①

王 恽②

泪洒明妃寄露葩③,换根非为贮丹砂④。
黄轻白碎空多种⑤,碧烂红鲜自一家⑥。
骚客赋诗怜晚节⑦,野人修谱是头花⑧。
九秋霜露无情甚⑨,时约行云护彩霞⑩。

【注释】

①此诗录自《元诗选》初集。桃花菊:又名"胭脂红",因其花色红,故名。

②王恽,字仲谋,元代汲县(今属河南)人。至元五年(1268)官监察御史,后擢翰林学士。著作有《秋涧集》。

③明妃:即汉王昭君,晋人避司马昭(文帝)讳,改称"明君",后人又称"明妃"。

④此句谓品种不同,并不是因为贮存有丹砂。丹砂:即朱砂,又名"辰砂",一种朱红色的矿物质。因花为红色,故云。

⑤黄轻白碎:黄色的菊花轻飘,白色的菊花瓣碎,反衬出桃花菊的美丽。

⑥碧烂红鲜:绿色的菊花明灿,红色的菊花鲜艳。

⑦骚客:指诗人。怜:喜爱。

⑧野人:山野之人。此似作者谦称。修谱:编写花谱。头花:在花谱上列为第一名的花。

⑨九秋:因秋季有九十天,故称秋天为"九秋"。

⑩约:犹邀请。行云:浮动的云。

墨　　菊①

胡　布②

彭泽归来日③,缁尘点素衣④。

乌沙漉酒后⑤,挂在菊花枝⑥。

【注释】

①此诗录自《元诗纪事》卷二二。墨菊:菊之一种。据《花镜》载,此花"千叶,紫黑色,黄心"。

②胡布,字子申,元代盱江(今属江西境内)人,其余未详。

③彭泽:县名,今属江西省。此代指晋陶渊明。因其曾官彭泽县令,故称之。归来:指陶渊明弃官归隐。

④缁尘:陆机《为顾彦先赠妇》诗:"京洛多风尘,素衣化为缁。"后以喻世俗的尘污。素衣:洁白的衣服。

⑤乌沙:应为"乌纱"。原为古官帽,此指黑色头巾。据《宋书·陶潜传》载:"郡将候潜,值其酒熟,取头上葛巾漉酒,毕,还复著之。"漉(lù)酒:滤酒,除去酒的渣滓。

⑥后二句比喻墨菊的花状。

咏汝庆宅红菊①

何景明②

红菊开时暮③,亭亭冠物华④。亦知颜色好,不是艳阳花⑤。罗绮娇秋日⑥,楼台媚晚霞。清香如不改⑦,常傍美人家。

【注释】

①此诗录自《渊鉴类函》卷四○九。
②何景明(1483—1521),明代文学家。字仲默,号大复山人,信阳(今属河南)人。弘治进士,官至陕西提学副使。为"前七子"之一。著作有《大复集》。
③暮:迟,晚。
④亭亭:同"婷婷",形容花木美好。物华:原泛指一切美好景物,此似指好花。
⑤艳阳花:春天里的花。
⑥罗绮:原为精致的丝织品,此喻指红菊花。
⑦如不改:就像不会减却。

二 色 菊①

程先贞②

黄衣彼美人③,余有紫衣副④。
不比炫春葩⑤,姚魏敌门户⑥。

【注释】

①此诗录自《海右陈人集》卷下。作者原注诗题曰:"一茎二花,必黄者在上,紫者次之。吾州曾广文六飞特擅养此。"
②程先贞:见8页注②。

③黄衣：黄菊花。
④紫衣：紫菊花。副：辅助。
⑤比：并列。句谓菊花不与那些炫耀于春季的花并列为伍。葩：音pā。
⑥姚魏：即姚黄、魏紫，原为两种牡丹之名，此代指牡丹。敌门户：犹言比高低。

菊有名金银芍药者感赋①

宋元徵②

秋色淡且佳，春花浓不敌③。如何芍药名④，翻为菊所袭⑤。世已贱陶潜⑥，东篱冷无色⑦。春艳冠秋英⑧，览之长叹息⑨。

【注释】
①此诗录自《庐州诗苑》卷四。
②宋元徵，字式虞，号鹤岑，清代庐江（今属安徽）人。康熙戊辰（1688）进士，授夏津知县，擢户部主事，官至刑部郎中。著作有《蕴真诗草》。
③浓不敌：谓春花虽然浓艳，却抵抗不了秋寒。
④芍药：花名。
⑤翻：通"反"，反而。袭：承袭。
⑥陶潜：晋陶渊明。因不满当时士族把持政权的黑暗现实，弃官隐居山林。
⑦东篱：因陶渊明《饮酒二十首》中有"采菊东篱下，悠然见南山"句，后故以此代指菊花。
⑧春艳：春天的花，此指芍药花。冠：把一物的名字加在另一物上。秋英：指菊花。
⑨览：观赏。

十 日 菊①

郑 燮②

十日菊花看更黄,破篱笆外斗秋霜。
不妨更看十余日③,避得暖风禁得凉。

【注释】

①此诗录自《郑板桥集·诗钞》。
②郑燮(1693—1765),清代书画家,文学家。字克柔,号板桥,兴化(今属江苏)人。乾隆进士,曾官山东范县(今属河南)、潍县知县。后因助农民胜讼及办理赈济,得罪豪绅而罢官。工书善画,为"扬州八怪"之一。著作有《板桥全集》。
③更:犹"再"。

六 月 菊①

袁 枚②

寒菊公然冒暑黄③,苍蝇侧翅远相望。
东篱共讶西风早④,秋士偏食夏日长⑤。
试把一灯来照影,焉知六月不飞霜⑥。
数枝冷艳当阶立⑦,愁杀红莲不敢香。

【注释】

①此诗录自《小仓山房诗集》卷二五。
②袁枚:见8页注②。
③寒菊:菊花一般于秋后开放,故称"寒菊"。公然:毫无顾忌。黄:用作动词,开出黄色的花。
④东篱:代指其他品种的菊花。参见30页注⑦。西风:即秋风。

⑤秋士:悲秋之士。食:原有"接受"意,此引申谓喜爱。
⑥焉知:怎么知道。
⑦冷艳:原形容耐寒的花,此代指菊花。阶:台阶。

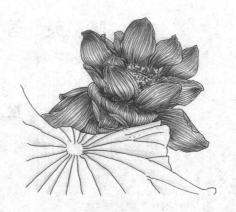

荷花为睡莲科多年生水生花卉,又名"莲花""水芝",古书上也称为"芙蕖",诗人们又常称它为"水芙蓉""菡萏"。它在我国也是年深代久了,早在两千多年前的《诗经》里就有"山有扶苏,隰有荷华(花)"的诗句了。可见它也深得我们祖先的喜爱。

荷花不仅可以大面积栽培,在公园池塘或湖面上发芽开花,装点祖国的河山之美,也可以在庭院的水缸甚至大碗里种植,以点缀居室的幽雅。它不仅能把自身的一切都供给人们食用或药用,还能陶冶人们的情趣。荷花,真不愧为"花之君子者也"!

"予独爱莲之出淤泥而不染,濯清涟而不妖,中通外直,不蔓不枝,香远益清,亭亭净植,可远观而不可亵玩焉。"宋代周敦颐的《爱莲说》,历来被认为是脍炙人口的佳作。名句名花,相映生辉。吟诗赏花,每每引起文人雅士遐想翩翩。人们为它的端庄素雅而叫绝,为它的挺拔俊秀而喝彩,更为它的刚直不阿而赞美。

荷花

咏芙蓉①

沈约②

微风摇紫叶,轻露拂朱房③。
中池所以绿④,待我泛红光⑤。

【注释】
①此诗录自《沈隐侯集》卷二。
②沈约(441—513),南朝梁文学家。字休文,吴兴武康(今浙江德清武康镇)人。历仕宋、齐二代,后助梁武帝登位,封建昌县侯,官至尚书令,卒谥隐。著作有《沈隐侯集》,还有《宋书》《齐纪》等书。
③朱房:红色的花房。
④中池:即池中。
⑤此句谓等待红莲开花。

咏同心芙蓉①

杜公瞻②

灼灼荷花瑞③,亭亭出水中④。一茎孤引绿,双影共分红。色夺歌人脸⑤,香乱舞衣风⑥。名莲自可念,况复两心同。

【注释】
①此诗录自《初学记》卷二七。
②杜公瞻,隋人,官著作佐郎、兼散骑常侍。曾编《编珠》,后人疑为伪撰。
③灼灼:形容色彩鲜明。
④亭亭:见29页注④。
⑤此句谓花色比歌女的脸色更美。
⑥此句谓花香比舞女的脂粉香更浓郁。

咏双开莲花①

刘 商②

菡萏新花晓并开，浓妆美笑面相隈③。

西方彩画迦陵鸟④，早晚双飞池上来。

【注释】

①此诗录自《全唐诗》卷三〇四。
②刘商，唐诗人。字子夏，彭城（今江苏徐州）人。大历进士，官检校礼部郎中，汴州观察判官。著作有《刘虞部集》。
③隈：通"偎"，紧贴着。
④迦陵鸟：传说中妙声鸟"迦陵频伽"的缩称。《正法念经》："山谷旷野，多有迦陵频伽，出妙声音，若天若人。"

重台莲花①

皮日休②

欹红婑媠力难任③，每叶头边半米金④。

可得教他水妃见⑤，两重元是一重心⑥。

【注释】

①此诗录自《全唐诗》卷六一五。
②皮日休：见3页注②。
③婑媠（wǒtuǒ）：形容花美好的样子。
④半米金：似指叶端晶莹的水珠。
⑤水妃：传说中的水神。
⑥元：通"原"，原本，原来。

咏 莲①

文 同②

全红开似镜,半绿卷如杯。
谁为回风力③,清香满面来。

【注释】

①此诗录自《丹渊集》卷一五。
②文同(1018—1079),北宋画家。字与可,自号笑笑先生,人称"石室先生",梓州永泰(今四川盐亭东)人。历官邛州、洋州等知州,元丰初出知湖州,未到任而卒,故又称"文湖州"。擅画墨竹,后人学其技法,有"湖州竹派"之称。著作有《丹渊集》。
③回风:旋风。《楚辞·九章·悲回风》:"悲回风之摇蕙兮,心冤结而内伤。"

多叶红莲①

洪 适②

步有凌波袜③,掌为承露盘④,
尚嫌花片少,千叶映朱栏⑤。

【注释】

①此诗录自《盘洲文集》卷九。
②洪适(1117—1184),宋金石学家。字景伯,晚年自称"盘洲老人",鄱阳(今江西波阳)人。孝宗时官至同中书门下平章事,兼枢密使。工文词,与弟洪遵、洪迈并称"三洪"。著作有《隶释》《隶续》及《盘洲文集》等。
③凌波:亦作"陵波"。原形容女子步履轻盈。曹植《洛神赋》:"陵波微步,罗袜生尘。"此似代指藕。
④承露盘:汉武帝好神仙,作铜盘以承甘露,以为服食此露可以延年益寿。《三辅故事》:"建章宫承露盘,高二十丈,大七围,以铜为之。"此喻指荷叶。
⑤千叶:虚指数,形容叶多。朱栏:漆红的栏杆。

莲　花①

杨万里②

红白莲花开共塘,两般颜色一般香。

恰如汉殿三千女③,半是浓妆半淡妆。

【注释】

①此诗录自《渊鉴类函》卷四〇七。

②杨万里(1127—1206),南宋诗人。字廷秀,号诚斋,吉水(今属江西)人。绍兴进士,曾任秘书监。诗与尤袤、范成大、陆游齐名,人称"南宋四家"。著作有《诚斋集》。

③三千女:泛指汉宫里的宫女。三千,虚指数,极言其多。白居易《长恨歌》:"后宫佳丽三千人。"

白　莲①

杨万里②

花头素片剪成冰③,叶背青琼刻作棱④。

珍重儿童轻手折⑤,绿针刺手却渠憎⑥。

【注释】

①此诗录自《诚斋集》卷十。

②杨万里:见37页注②。

③素片:指白色花瓣。

④青琼:青色的玉。棱:指叶背上的叶脉。

⑤珍重:怜爱地叮嘱。

⑥渠憎:即憎渠,责怪它。

荷 花 辞①

叶梅峤②

未花叶自香③,既花香更别④。

雨过吹细风⑤,独立池上月。

【注释】

①此诗录自《元诗纪事》卷五。辞:古代一种文体名。
②叶梅峤,元代人,生平未详。
③花:用作动词,犹开花。
④别:特别,异样。
⑤细风:微风。

荷 花①

曹 寅②

一片秋云一点霞,十分荷叶五分花。

湖边不用关门睡,夜夜凉风香满家。

【注释】

①此诗录自《楝亭集》卷四。
②曹寅(1658—1712),清文学家。字子清,号荔轩,又号楝亭。为清代著名小说家曹雪芹的祖父。官至通政使、管理江宁织造、巡视两淮盐漕监察御史。著作有《楝亭集》《词钞》《续琵琶记》等。

秋　荷①

郑　燮②

秋荷独后时③,摇落见风姿④。

无力争先发,非因后出奇⑤。

【注释】

①此诗录自《郑板桥集·诗钞》。
②郑燮:见31页注②。
③后时:谓落于时节之后。
④摇落:形容百花凋残零落。风姿:指优美的风度姿态。
⑤二句谓秋荷之所以开于秋季,并非故意为了夺奇,而是无力争先。

兰花

早在《易经》里就有"同心之言,其臭(气味)如兰"的话,这足以证明兰花在我国的悠久历史了。翻开古籍,历代文人骚客,几乎无不曾挥毫咏兰,都以兰花来喻己志节高尚、情趣优雅。兰花不与百花争艳,幽居于深山峡谷,却发出沁人心脾的清香,因此古人把它和梅、菊、竹合誉为"四君子"。

兰花的品种很多,仅我国台湾省就有100多种。一般按花期来分,有春兰、夏兰、冬兰,每一季中又有很多品种,真可谓是一个大家族了。在这个家族里,大理的雪兰,云贵的金边棱、硬叶素,兰州的武陵素心兰,都各具其辉。而四川的蕙兰更为奇特。古人曾把兰和蕙分立门户,明李时珍在《本草纲目》里曾明确指出:"黄山谷所谓一干一花为兰,一干数花为蕙者,盖因不识兰草、蕙草,遂以兰花强生分别也。"实际上,蕙乃兰之一种。

兰花不仅形美,更受人喜爱的是它的香味正。其香不浓不淡,清新温馨,尽搜笔墨,也难以写其味。难怪朱德同志称道,"唯有兰花香正好,一时名贵五羊城"哩!

芳 兰①

李世民②

春晖开禁苑③,淑景媚兰场④。映庭含浅色,凝露泫浮光⑤。日丽参差影⑥,风传轻重香⑦。会须君子折⑧,佩里作芬芳。

【注释】

①此诗录自《文苑英华》卷三二七。
②李世民(599—649),即唐太宗。公元626年至649年在位。隋末劝其父李渊起兵反隋。李渊称帝后,封其为秦王,任尚书令。武德九年(626)发动"玄武门之变",得为太子,继帝位。
③禁苑:一本作"紫苑",帝王的园囿。
④淑景:美好的景色。兰场:专门种兰花的园圃。
⑤泫:形容露珠下垂的样子。
⑥参差:高低不同,形容兰花错落有致。
⑦风传:一本作"风和"。
⑧会须:该当,该由。

孤 兰①

李 白②

孤兰生幽园③,众草共芜没④。虽照阳春晖⑤,复悲高秋月⑥。飞霜早浙沥⑦,绿艳恐休歇⑧。若无清风吹,香气为谁发?

【注释】

①此诗录自《李白集校注》卷二。

②李白(701—762),唐代大诗人。字太白,号青莲居士。祖籍陇西成纪(今甘肃秦安),隋末,其先人流寓碎叶(在今吉尔吉斯斯坦境内),他在这里出生。后迁居绵州昌隆青莲乡(今属四川)。天宝初年(742)至长安,因贺知章、吴筠等人的推荐,官供奉翰林,不久便辞去。后坐永王璘之乱,流放夜郎,中途遇赦。晚年飘泊困苦,寄人篱下,卒于安徽当涂。著作有《李太白全集》。

③幽园:偏僻的园圃。

④芜没:荒芜埋没。

⑤阳春:温暖的春天。

⑥高秋:天高气爽的秋天。

⑦飞霜:古人误为霜从天上落下,故称"飞霜"。淅沥:象声词,形容霜下落的声音。

⑧休歇:引申谓花木衰落凋谢。

题杨次公春兰①

苏 轼②

春兰如美人,不采羞自献③。时闻风露香,蓬艾深不见④。丹青写真色⑤,欲补《离骚》传⑥。对之如灵均⑦,冠佩不敢燕⑧。

【注释】

①此诗录自《苏轼诗集》卷三二。

②苏轼:见6页注②。

③羞:难为情,害羞。

④蓬艾:泛指丛棘荒草。

⑤丹青:丹和青为我国古代绘画常用的两种颜料,故以此代指绘画。真色:真正的面貌。形容画得逼真。

⑥《离骚》:战国楚诗人屈原作的《楚辞》篇名。文中多次写到兰花。

⑦灵均:即屈原。他名平,字原,又自云名正则,字灵均。

⑧冠佩:把花戴在头上或佩在身上。燕:轻慢,亵渎。

题杨次公蕙①

苏 轼②

蕙本兰之族③,依然臭味同④。曾为水仙佩⑤,相识《楚辞》中⑥。幻色虽非实⑦,真香亦竟空。云何起微馥⑧,鼻观已先通⑨。

【注释】
①此诗录自《苏轼诗集》卷三二。
②苏轼:见6页注②。
③蕙:即蕙兰,又名九节兰。叶似管茅,花葶肥大,一葶有数朵花。
④臭(xiù)味:气味,此指香味。
⑤水仙:此指湘水之神。屈原《九歌·湘夫人》中有"罔薜荔兮为帷,擗蕙櫋兮既张"句。
⑥相:偏指,指兰花。《楚辞》中多处写到蕙兰,故云。
⑦幻色:虚幻的事。指上面所说湘夫人佩蕙事。
⑧馥:香气。
⑨鼻观(guàn):即鼻孔。

墨　　兰(二首选一)①

袁　桷②

飞琼散天葩③,因依空岩侧④。
守黑聊自韬⑤,不与众草碧⑥。

【注释】
①此诗录自《清容居士集》卷一三。墨兰:因于旧历春节时开花,故又名"报岁兰""献岁兰"。产于福建、广东、台湾等地。花香味不纯,每葶有五至十朵花。

②袁桷(1266—1327),元文学家。字伯长,庆元路鄞县(今属浙江省)人。大德初,荐为翰林国史院检阅官,官至侍讲学士。著作有《清容居士集》。
③飞琼:传说中仙女名。《汉武帝内传》:"王母乃命侍女……许飞琼鼓震灵之簧。"天葩(pā):即仙花,此喻兰花。
④因依:依傍,依靠。
⑤聊:暂且。自韬(tāo):收敛自己的锋芒,隐藏行迹。
⑥此句谓不与百花争芳斗艳。

秋 蕙①

揭傒斯②

幽丛不盈尺③,空谷为谁芳④。

一径寒云色,满林秋露香⑤。

【注释】

①此诗录自《元诗选》初集。
②揭傒斯(1274—1344),元文学家。字曼硕,龙兴富州(今江西丰城)人。官至翰林侍讲学士,卒谥文安。曾参加编撰辽、金、宋三史。著作有《揭文安公全集》。
③幽丛:深谷里的花丛。盈:满,足。
④空谷:空旷的山谷。芳:用作动词,犹发出清香。
⑤此句极言兰花之香。

冬 兰(二首选一)①

曹 寅②

冬草漫寒碧③,幽兰亦作花。清如辟谷士④,瘦似琢诗家⑤。丛秀几钗股⑥,顶分双髻丫⑦。夕窗香思发,风影欲篝纱⑧。

【注释】

①此诗录自《楝亭集》卷七。
②曹寅:见38页注②。
③漫:随意,不受拘束。
④辟谷:亦称"断谷""绝谷",意为不吃五谷。据传为中国古代的一种修养方法。后为道教承袭,当作修仙方法之一。
⑤琢诗家:苦心琢磨诗句的人。唐李白有逸诗曰:"饭颗山头逢杜甫,头戴笠子日卓午。为问因何太瘦生,只为从来作诗苦。"
⑥钗股:钗为古时妇女的一种首饰,由两股合成。此喻指冬兰的花葶。
⑦髻丫:女孩头上梳的双髻,此喻指兰花状。
⑧篝纱:用纱罩罩着灯光。

折枝兰①

郑燮②

晓风含露不曾干,谁插晶瓶一箭兰③?
好似杨妃新浴罢④,薄罗裙系怯君看⑤。

【注释】

①此诗录自《郑板桥集·诗钞》。
②郑燮:见31页注②。
③晶瓶:水晶制的花瓶。
④杨妃:即杨太真,得唐玄宗宠爱,封为贵妃。白居易《长恨歌》有写她"春寒赐浴华清池,温泉水滑洗凝脂。侍儿扶起娇无力,始是新承恩泽时"句。此喻插于瓶中之兰。
⑤此句以拟人的手法描写兰花插于瓶中之状。

盆蕙盛开①

洪亮吉②

东南卅步回廊直③,香气出门如索客④。寻

香觅蕊淡不分,花叶稍分浅深色。一枝亭亭凡九朵⑤,根蒂尚带山中沙。君不见,离山更忆居山日,万朵奇花一钩月。

【注释】

①此诗录自《更生斋集》卷五。
②洪亮吉(1746—1809),清经学家、文学家。字君直,一字稚存,号北江,江苏阳湖(今江苏武进)人。乾隆进士,授编修。嘉庆时,因批评朝政,遣戍伊犁。不久赦还,改号更生居士。著作有《更生斋集》。
③卅(sà):三十。回廊:曲折回环的走廊。
④索客:犹言邀请客人。全句形容蕙兰香气扑鼻,引人不禁前来观赏。
⑤亭亭:形容花莛挺立的样子。凡:总共。

素 心 兰①

何绍基②

深心太素绝声闻③,悔托灵根压众芬。
万古贞风怀屈子④,一江白月吊湘君⑤。
香逾澹处偏成蜜⑥,色到真时欲化云⑦。
园榭秋光都占尽,故应冰雪有奇文⑧。

【注释】

①此诗录自《东洲草堂诗集》卷九。素心兰:建兰的一种,详见47页注①。
②何绍基(1799—1873),清代诗人、书法家。字子贞,号东洲,晚号蝯叟,道州(今湖南道县)人。道光进士,官编修、四川学政。通经史、小学,为晚清"宋诗派"作家。著作有《东洲草堂诗集》《东洲草堂文集》《说文段注驳正》等。
③深心:藏在叶间的花心。声闻:声名。
④屈子:即屈原,因屈原的作品里多次写到兰花并常以自喻,故云。
⑤湘君:传说中的湘水之神。李白《陪族叔刑部侍郎晔及中书贾舍人至

游洞庭五首》诗:"日落长沙秋色远,不知何处吊湘君。"
⑥此句大意是,清淡的香味最可贵。
⑦此句大意是,朴素的颜色就像天上的云。
⑧奇文:谓奇异的色彩。

建　兰①

朱载震②

丛兰生幽谷③,莓莓遍林薄④。不纫亦何伤⑤,已胜当门托⑥。辇至逾关山⑦,滋培珍几阁⑧。掉头忘闽海⑨,倾心向京洛⑩。轻飔昼回芳⑪,清泉晚宜瀹⑫。玉轸一再弹⑬,天际如可作⑭。

【注释】

①此诗录自《清诗别裁》卷二一。建兰:原产福建的大叶种,俗称"秋兰"。叶长而尖,每葶开花五至七朵,花淡黄色,稍带绿晕,唇瓣有紫色斑点,香气极浓。分为四季兰和素心兰两种。
②朱载震,清代湖广潜江(今属湖北)人。选贡官石泉知县。著作有《东浦诗钞》。
③幽谷:深邃的山谷。
④莓莓:亦作"每每",形容花木茂盛的样子。林薄:草木丛生的地方。《楚辞·九章·涉江》:"露申辛夷,死林薄兮。"王逸注:"丛木曰林,草木交错曰薄。"
⑤纫:佩带。屈原《离骚》:"扈江离与辟芷兮,纫秋兰以为佩。"何伤:何妨,有什么关系。
⑥当门托:犹言栽种于庭院之中。托,托身,这里引申指栽种。
⑦辇(niǎn):特指君后所乘的车子。逾:越过。句谓把花送进京城。
⑧滋培:浇灌培育。珍几阁:谓受到珍爱,放在楼阁上、案几边。
⑨闽海:因此花原产福建,故云。
⑩京洛:指京城。
⑪轻飔(sī):轻轻的凉风。

⑫瀹(yuè):煮茶。
⑬玉轸:玉做的琴轴,这里代指琴。
⑭天际:天涯,天边。

素 心 兰①

骆绮兰②

芳草春已歇③,素心将遗谁④?一枝绽庭畔⑤,微香透书帷⑥。我见不忍折,移栽白定瓷⑦。置之几案边,静对觉相宜。斜日茗饮候⑧,晴窗晨起时⑨。与尔结素交⑩,无言心各知。重重护帘幕,勿使东风吹。

【注释】

①此诗录自《金陵诗征》卷四七。
②骆绮兰:见21页注②。
③歇:休息,此谓春天已经过去了。
④素心:即素心兰。遗(wèi):赠送。
⑤绽:开放。
⑥书帷:书房里的帐幔。
⑦定瓷:指定窑烧制的瓷花瓶。定窑为我国古代著名制瓷之地,在今河北曲阳涧磁村、燕山村,古代属定州。北宋后曾一度专门烧制供宫廷用的瓷器。
⑧斜日:将落的太阳。此代指傍晚。茗饮候:饮茶的时候。
⑨二句谓早早晚晚都与素心兰相伴。
⑩尔:你,指素心兰。素交:真诚不移的交情。

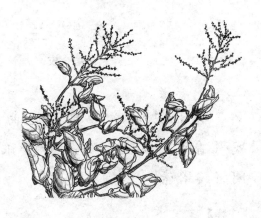

珠兰,是我国较名贵的观赏花卉之一。其花形清雅而香味纯正,所以深受人们的珍爱。

珠兰的花形很像米兰,所以人们常常把二者混为一谈,其实二者是有诸多不同之处的。珠兰的特点是枝条上有节,叶子较大而又有明显的脉纹,椭圆形的叶子有点像茶叶,叶上有蜡质而闪闪发光。珠兰属金粟兰科,原产闽粤二省,性喜温暖、荫蔽、湿润。

珠兰的别名也很多。因其花形像粟粒,故一名"金粟花"。它顶上的穗状花序列一串黄白色小花,看上去俨然珍珠一串,故又名"珍珠兰"。它的枝干丛生,又像是灌木一丛,所以又有人名之为"树兰"。另外,由于它的花蕊芬芳,为焙茶的上品原料,所以又称之为"茶兰"。繁多的别名,从不同的角度反映了珠兰的不同特点。

家里如果放置一盆珠兰,会给你的生活增添不少情趣。未开花时,它显得优雅素静而又饱含勃勃生机;开花时,满屋芬香四溢,沁人肺腑,真可谓是生活之良友啊!

珠兰

珠 兰①

袁 枚②

谁把三湘草③,穿成九曲珠④?粒多迎手战⑤,香远近闻无。帘外传芳讯,风前过彼姝⑥。闲将缨络索⑦,仔细替花扶⑧。

【注释】

①此诗录自《小仓山房诗集》卷三〇。
②袁枚:见8页注②。
③三湘草:关于三湘,其说不一。近代一般用作湘东、湘西及湘南三地区总称,亦代指湖南省。楚诗人屈原常以兰自喻,又溺于湖南汨罗江,所以作者称兰为"三湘草"。
④九曲珠:据《祖庭事苑》载,世传孔子厄于陈,遇穿九曲珠,桑间女子授之以诀,孔子遂晓,乃以丝系蚁,引之以蜜而穿之。此处喻指珠兰。
⑤粒:指珠兰花朵。因其状如粟,故称。战:颤抖,抖动。
⑥姝:美女,此喻珠兰像风前弱女。引出下句。
⑦缨络索:用线缕珠宝结成的条状装饰物。此指绳索。
⑧扶:扶持。据《花镜》介绍,珠兰花盆栽时,必须"插竹为阑,以棕线系引之,茎始得直"。

珠兰十二韵①

王 复②

缚架支柔干③,移盆就画檐④。惯滋清露润⑤,不避暑风炎⑥。名字湘潭袭⑦,来程闽海淹⑧。霏微肌粟缀⑨,浅淡额黄添⑩。开处犹疑蕊⑪,繁时欲逗帘⑫。贯思珠瑟瑟⑬,摘想玉纤纤⑭。小扇低承绮,清瓷满贮奁⑮。浴余蝉翅掠⑯,妆罢凤头拈⑰。粉助芙蓉艳,毯成茉莉兼⑱。枕函娇夜合⑲,茗碗斗春尖⑳。软语吹唇密㉑,浓香入梦甜。经时常眷念㉒,肠断莫相嫌。

【注释】

①此诗录自《湖海诗传》卷三八。

②王复,字敦初,号秋塍,清代秀水(今浙江嘉兴)人。监生,由四库馆议叙,官偃师知县。著作有《树萱堂诗》。

③缚架:绑扎架子。柔干:柔弱的枝干。

④就:靠拢,靠近。画檐:雕画花纹的屋檐。

⑤惯:经常。

⑥暑风:指炎热的风。珠兰性喜温暖,故云。

⑦湘潭:地名,在湖南省东部,此似代指湖南。参见50页注③。

⑧闽海:泛指闽、粤一带。珠兰原产闽粤二省。淹:滞留,此引申谓移栽于此。

⑨霏微:形容迷蒙的样子。此句谓迷蒙之中,此花的肌骨就像是金粟连缀而成。

⑩额黄:原为古时妇女额上的涂饰。此喻指黄色的花。

⑪因珠兰开花细小,虽然花已开放,但远看却像未开的花蕊,故云。

⑫逗:招惹。谓兰盛开时,招惹屋里的人掀帘出来观赏。

⑬贯:穿串。瑟瑟:形容珠玉相碰击的细碎声音。

⑭玉纤纤:小巧尖细的手指,多形容女子之手。

⑮清瓷:洁白的瓷器。奁(lián):古时妇女盛放梳妆用品的器具。

⑯浴余:谓雨后。蝉翅:喻指珠兰叶子。

⑰凤头:即凤头钗,古时妇女的头饰,其形如凤,故名。此喻指顶部穗状花序。

⑱二句谓珠兰兼有芙蓉的艳丽和茉莉的清香。前句显然是夸张之词。

⑲枕函:犹枕套。夜合:花名。

⑳茗碗:茶杯。春尖:春天茶树鲜嫩的尖叶。因珠兰可以焙茶,故云。以上四句以四物相比,极言兰之美好。

㉑软语:温和柔软的话。

㉒经时:经过了一段时间。眷念:怀念。

珠　兰①

姚　燮②

香粟佛天饭③,蕊珠仙界衣④。托名应自贵⑤,含蕾再难微⑥。荡子甘心与⑦,村娘愧发稀⑧。一春清素愿⑨,消受露华霏⑩。

【注释】

①此诗录自《复庄诗问》卷四。
②姚燮(1805—1864),清代文学家。字梅伯,号复庄,又号大梅山民,镇海(今属浙江)人。道光举人,善诗词、工骈文。著作有《复庄诗问》《复庄骈俪文榷》《疏影楼词》等。
③香粟:因花形像粟粒,故称。佛天:佛教所谓的仙境。
④蕊珠:因花蕊状如珍珠,故称之。仙界:传说中的仙境。
⑤托名:犹命名。
⑥此句谓花蕾已小到不能再小的地步。
⑦荡子:浪游在外的人。甘:情愿、乐意。心与(yù):放在心中。
⑧村娘:山村的妇女。愧发稀:谓山村妇女为头发稀少不能佩戴此花而感到羞愧。
⑨清素:清白素雅。
⑩消受:享受,受用。露华:即露水。霏:霏霏,形容露水之盛貌。

<big>花</big>如米状,味同兰香,故名"米兰"。米兰以它的芳馥和清雅,博得了越来越多花卉爱好者的青睐。

米兰原产东南亚,我国南方诸省广为栽培,但北方地区却只能盆栽,因其性畏寒,冬季须搬入室内保暖。米兰为楝科多年生常绿灌木或小乔木。其花为黄色小粒,酷似米粒和鱼子,故又名"米子兰"或"鱼子兰"。目前广为栽培的有大叶米兰和四季米兰。前者每年开一次花,而后者则四季有花。

米兰花香浓郁,可焙茶和提取芳香油。其枝叶还可供药用,可治跌打损伤、痈疽肿痛。另外,其花干木质细密,还是供雕刻的好材料。米兰可谓浑身是宝。

米 兰

鱼子兰①

纳兰性德②

石家金谷里③,三斛买名姬④。绿比琅玕嫩⑤,圆应木难移⑥。若兰芳竟体⑦,当暑粟生肌⑧。身向楼前堕⑨,遗香泪满枝⑩。

【注释】

①此诗录自《通志堂集》卷四。
②纳兰性德(1655—1685),清代诗人、词人。原名成德,字容若,号楞伽山人,满洲正黄旗人。康熙进士,官一等侍卫。著作有《通志堂集》。
③金谷里:古地名,在今河南洛阳市东北,晋石崇筑园于此,世称"金谷园"。
④斛(hú):旧量器名。名姬:指石崇宠妾绿珠。《绿珠传》:"石崇为交趾采访使,以真珠三斛致之。"
⑤琅玕(lánggān):珠树。《本草纲目》:"在山为琅玕,在水为珊瑚……《淮南子》云:曾城九重,有珠树在其西。珠树,即琅玕也。"此喻指米兰。
⑥圆:圆满,完整。此句谓保持贞节就像木性一样不可随便移动。
⑦竟体:遍体,遍身。
⑧句谓夏日里,绿珠的肌肤就像兰花一样清馨。
⑨赵王伦专权时,王伦党徒孙秀曾指名向石崇索取绿珠,被石崇拒绝。后孙秀率甲士到石崇家捉崇,绿珠跳楼自杀。
⑩谓米兰的香为绿珠所遗,而其花也是她的泪珠变成的。

水仙花

水仙是我国传统名花之一。早在唐代,人们就把水仙花作为宫廷装饰物。明李时珍的《本草纲目》、王象晋的《群芳谱》,对此花都有较详尽的描写。《群芳谱》说:"水仙,丛生,宜下湿地。根似蒜头,外有薄赤皮。冬生,叶如萱草,色绿而厚。冬间于叶中抽一茎,茎头开花数朵,大如簪头,色白,圆如酒杯,上有五尖,中心黄蕊颇大,故有金盏银台之名。其花莹韵,其香清幽。一种千叶者,花片卷皱,上淡白而下轻黄,不作杯状,世人重之,以为真水仙。一云单者名水仙,千叶名玉玲珑,亦有红花者。此花不可缺水,故名水仙。"

水仙,真乃高雅优美的名字。有其名亦有其实。那扁平狭长的叶子如同碧玉精琢而成,而银白色的玲珑花朵,宛似水晶玉盏。尤其是那清新宜人的花香,若不是在冬天,定有招蜂引蝶之功。

我国福建漳州水仙最负盛名,上海崇明所产次之。今天,水仙花不仅深受我国人民的喜爱,而且畅销国外。小巧玲珑的银盏玉杯状花朵,满盛中国人民的友好情谊,飞向世界。

王充道送水仙花五十枝①

黄庭坚②

凌波仙子生尘袜③,水上轻盈步微月④。
是谁招此断肠魂,种作寒花寄愁绝⑤。
含香体素欲倾城⑥,山矾是弟梅是兄⑦。
坐对真成被花恼,出门一笑大江横。

【注释】

①此诗录自《黄山谷诗集》卷一五。王充:宋梁州(故治在今陕西南郑县东)人。游黔南,时黄庭坚被谪于此,与之交游甚密。
②黄庭坚:见26页注②。
③凌波仙子:原为水神,三国魏曹植《洛神赋》:"凌波微步,罗袜生尘。"此喻指水仙花。
④步:用作动词,犹"踏"。
⑤寒花:因水仙于冬季开花,故称。
⑥体素:谓水仙株形素雅。倾城:原形容绝色美女的容貌。《汉书·孝武李夫人传》:"北方有佳人,绝世而独立。一顾倾人城,再顾倾人国。"此喻水仙花之美。
⑦山矾:花名。

次韵中玉水仙花二首(选一)①

黄庭坚②

借水开花自一奇③,水沉为骨玉为肌④。
暗香已压酴醿倒⑤,只比寒梅无好枝⑥。

【注释】

①此诗录自《黄山谷诗集》卷一五。次韵:写旧体诗方式之一。即依照所和诗中的韵及其用韵的先后次序写诗。
②黄庭坚:见26页注②。
③借:依靠。
④水沉:见17页注⑥。
⑤酴醾:花名。
⑥此句谓比起梅花,水仙只是没有好看的枝干而已。

水 仙 花(并序)①

张 耒②

水仙花叶如金灯而加柔泽③,花浅黄,其干如萱草④,秋深开至来春方已⑤。虽霜雪不衰,中州未尝见⑥,一名雅蒜。

宫样鹅黄绿带垂⑦,中州未省见仙姿。

只疑湘水绡机女⑧,来伴清秋宋玉悲⑨。

【注释】

①此诗录自《张右史文集》卷三一。
②张耒(1054—1114),北宋诗人。字文潜,号柯山,楚州淮阴(今属江苏)人。熙宁进士,曾任太常少卿等职。为"苏门四学士"之一。著作有《张右史文集》。
③金灯:即金灯花。
④萱草:植物名,多年生宿根草本。
⑤方已:才停止。
⑥中州:指今河南省一带,因地处古九州之中而得名。
⑦宫样鹅黄:像宫廷里的淡黄。古时黄色为皇家专用色,故云。此形容花的颜色。绿带:因水仙花叶狭长如带,故称。
⑧湘水绡机女:似指湘夫人,传为水神。
⑨宋玉:战国楚辞赋家。他在《九辩》中叙述了政治上不得意的悲伤,流露出抑郁不满的情绪。

千叶水仙花(并序)①

杨万里②

世以水仙为金盏银台,盖单叶者,其中真有一酒盏,深黄而金色。至千叶水仙,其中花片卷皱密蹙,一片之中③,下轻黄而上淡白。如染一截者,与酒杯之状殊不相似④,安得以旧日俗名辱之⑤?要之⑥,单叶者当命以旧名,而千叶者乃真水仙云。

薤叶葱根两不差⑦,重蕊风味独清嘉⑧。

薄揉肪玉围金钿⑨,浅染鹅黄剩素纱⑩。

台盏元非千叶种⑪,丰容要是小莲花⑫。

向来山谷相看日⑬,知是他家是当家⑭。

【注释】

①此诗录自《诚斋集》卷二九。
②杨万里:见37页注②。
③密蹙(cù):紧紧地收缩。
④殊:很,非常。
⑤安得:哪能够。
⑥要之:犹"总之",总的来说。
⑦薤(xiè):植物名,俗称藠头,多年生宿根草本。两不差:和这两样相比,没有什么差别。
⑧重蕊(ruí):形容花叶重叠下垂的样子。清嘉:清新美好。
⑨肪玉:洁白的玉石。此喻花片。金钿(diàn):古时妇女首饰之一种。此喻花心。
⑩鹅黄:酒名,即鹅黄酒。因酒色淡黄而得名。素纱:白纱。因水仙花朵上黄下白,故云。

⑪台盏:谓花形似杯状的单叶水仙。
⑫丰容:美好的容貌。要是:应该说是。此谓千叶水仙花。
⑬山谷:黄庭坚的号。黄曾写咏颂水仙花的诗作多首。相:偏指水仙花。
⑭此句谓千叶水仙花是黄庭坚家里的当家花。

水 仙(二首选一)①

钱秉镫②

千叶殊浓艳③,吾怜六瓣单④。香中称淡妙⑤,花里最清寒⑥。白映湘妃佩⑦,黄加道士冠⑧。常防酒气逼⑨,不敢醉时看。

【注释】
①此诗录自《明诗综》卷七八。
②钱秉镫,字幼光,明代桐城(今属安徽)人。后更名澄之,字饮光。著作有《藏山阁稿》《田间集》。
③千叶:指千叶水仙花。殊:特别。
④怜:喜爱。六瓣:因单叶水仙花有六尖,故代指单叶水仙花。
⑤淡妙:清淡美好。
⑥清寒:形容花清新素雅。
⑦句谓水仙花白色花瓣如同湘妃的佩玉。湘妃:舜的两个妃子,名娥皇、女英。传说二人死后成为湘水之神。
⑧此句谓水仙花黄色部分如同道士的黄冠。
⑨逼:靠近,逼近。

水 仙 花①

袁宏道②

琢尽扶桑水作肌③,冷光真与雪相宜④。
但从姑射皆仙种⑤,莫道梁家是侍儿⑥。

【注释】

①此诗录自《袁宏道集笺校》卷三〇。

②袁宏道(1568—1610),明文学家。字中郎,号石公,湖广公安(今属湖北)人。万历进士,官吏部郎中。与兄宗道、弟中道,并称"三袁"。为"公安派"的创始人。著作有《袁中郎全集》。

③琢:雕琢。扶桑:传说中的神木。此代指草木的本质。

④冷光:形容水仙花的光彩,因其开于冬季,故称"冷光"。

⑤姑射(yè):山名,又名"藐姑射山"。《庄子·逍遥游》:"藐姑射之山,有神人居焉,肌肤若冰雪,淖约若处子……使物不疵疠而年谷熟。"

⑥谓神话中的梁玉清,为织女星的侍女,典出《独异志》。此二句暗喻不要看不起单叶水仙花。

茉莉亦写作"抹厉""末丽""末利",又名"雪瓣"。原产印度、伊朗,据传早在汉代已引入我国。"没利名嘉花亦嘉,远从佛国到中华。"宋代王十朋的诗句,亦可证明茉莉在我国的悠久历史了。

茉莉花品种很多,单就花形来说,有单瓣、重瓣、千层瓣等。现在一般栽培的大都是重瓣种。此品种栽植易活,花形圆头,有浓香,是较理想的品种。

茉莉还有很高的经济价值,花可以熏茶或提取香精。如果家中放一盆茉莉,工作之余,浓郁的花香会使你忘却疲劳而精神为之一爽。难怪有人说,走遍花卉爱好家,家家皆有茉莉花呢!

茉莉花以它独特的浓郁芳香,博得了人们的赞誉。古人曾把它誉为"人间第一香"。广为流传的江南民歌《茉莉花》也唱道:"花开满园,香也香不过它。"足见其香之烈了。

茉莉花

又觅没利花①

王十朋②

没利名嘉花亦嘉③,远从佛国到中华④。

老来耻逐蝇头利⑤,故向禅房觅此花⑥。

【注释】

①此诗录自《梅溪王先生文集》卷七。
②王十朋:见 27 页注②。
③没利:即茉莉。
④佛国:指印度。因传此花原产印度,故谓。
⑤蝇头利:喻微小的财利。苏轼《满庭芳》词:"蜗角虚名,蝇头微利。"
⑥禅房:参禅之所,此代指寺庙。

送抹利花与庆长①

杨万里②

江梅去去木犀晚③,萱草石榴刺人眼④。

抹利独立幽更佳,龙涎避香雪避花⑤。

朝来无热夜凉甚,急遣山童问花信⑥。

一枝带雨折来归,走送诗人觅好诗⑦。

【注释】

①此诗录自《诚斋集》卷一。
②杨万里:见 37 页注②。
③去去:形容早已衰落。木犀:桂花。
④此句谓萱草花、石榴花的颜色太鲜艳。
⑤龙涎(xián):古传说龙的口水是极名贵的香料。句谓龙涎与花香相

比,也得退避;白雪在白花面前也须让步。极言花香之浓,花白之甚。

⑥遣:支使,派遣。山童:山村儿童。花信:即花期,开花的时间。

⑦走:跑着。

末利①

刘克庄②

一卉能令一室香③,炎天尤觉玉肌凉④。

野人不敢烦天女⑤,自折琼枝置枕傍⑥。

【注释】

①此诗录自《后村先生大全集》卷九。

②刘克庄(1187—1269),南宋文学家。字潜夫,号后村居士,莆田(今属福建)人。淳祐间赐同进士出身,官至工部尚书兼侍读,为"江湖派"的重要作家。著作有《后村先生大全集》。

③一卉(huì):一朵花。令:使。

④玉肌:喻白色的茉莉花。

⑤野人:山野之人,此为作者谦称。

⑥琼枝:喻茉莉花枝。

茉莉①

徐石麒②

佳人自南国③,绝世号倾城④。色入三江重⑤,香含百越清⑥。凌炎繁雪乱⑦,傲午数星横⑧。珍重笼予发⑨,殷勤感汝情⑩。

【注释】

①此诗录自《天启崇祯两朝遗诗》卷六。

②徐石麒,字宝摩,明代嘉兴(今属浙江)人。天启进士,初入官,即忤魏

忠贤,被诬削职。崇祯初起南礼部主事,累官刑部尚书,后因忤帝意,落职。嘉兴城陷,自缢而死。

③南国:泛指南方地区。
④绝世:冠绝当代。倾城:见56页注⑥。
⑤三江:关于三江,有多种说法,此处从文意看,似指长江流域。
⑥百越:古族名,秦汉以前已分布于长江中下游以南,因其部落众多,故称。
⑦凌炎:冒着酷暑。繁雪:喻繁茂的花朵。
⑧数星:喻花盛开如繁星当空。
⑨珍重:珍爱。笼予发:插在我的头发上。
⑩殷勤:形容情意深厚。

末丽词①

王士禄②

冰雪为容玉作胎,柔情合傍琐窗隈③。
香从清梦回时觉④,花向美人头上开⑤。

【注释】
①此诗录自《清诗别裁》卷三。
②王士禄,字底山,清代新城(今属山东)人。顺治壬辰(1652)进士,官吏部考功员外郎。著作有《西樵集》。
③琐窗:雕刻或绘有花纹的窗子。隈:指窗子与墙之间的角落。
④回:此引申谓醒。
⑤此句指人们爱把此花插带在头上。

抹丽花①

冒春荣②

美人揽青镜③,鬘华饰簪珥④。鬓发黑如漆⑤,香雪散床第⑥。朱门一夕花⑦,贫家三日米⑧。

【注释】

①此诗录自《江苏诗征》卷一四五。

②冒春荣,字寒山,号葚原,又号花源渔长,清代如皋(今属江苏)人。诸生。著作有《紫翠阁秋萍集》《江游草》。

③揽:原意为拿、取,此处有"照"的意思。青镜:古时镜子皆以青铜制作,故称。

④鬘(mán)华:据《释名》,茉莉又名"鬘华"。簪珥(zān ěr):泛指古时妇女首饰。

⑤鬒(zhěn)发:黑发。

⑥香雪:喻又香又白的花。床笫:床铺。

⑦朱门:古代贵族漆红门以示尊贵,故以此代指豪门富户。

⑧二句谓豪门巨户一晚上用以装饰或欣赏的茉莉花,其价钱可供贫苦人家生活多日。三日:虚指数,表示多日。

月季又名"胜春""瘦客""长春花",俗称"月月红",属蔷薇科直立灌木。其主要的繁殖方法为扦插法。由于它花形美、品种多、易栽培,所以已成为家庭养花中的重要品种。

我国栽培月季花至少已有两千多年历史了。18世纪,中国月季传到欧洲,引起欧洲人的很大兴趣,他们用欧洲蔷薇和中国月季嫁接,培育出许多不同花形、不同花色的新型品种。据估计,月季花在世界上约有上万个品种,难怪它在国外盛享"花中皇后"之美誉呢!

"只道花无十日红,此花无日不春风。"宋代诗人杨万里的诗句,生动形象地写出了月季花的特点。一年四季展示浓艳,吐播芬芳,美化人们的生活环境,增添人们的生活情趣,这正是月季花的可贵所在。

"花开花落无间断,春来春去无相关"。五颜六色、千姿百态的月季花正在祖国的百花园中竞相开放。

月季花

月　季①

宋　祁②

群芳各分荣③，此花冠时序④。聊披浅深艳⑤，不易冬春虑⑥。真宰竟何言⑦，予将造形悟⑧。

【注释】

①此诗录自《宋景文集》卷七。
②宋祁(998—1061)，北宋文学家、史学家。字子京，安陆(今属湖北)人，后迁开封雍丘(今河南杞县)。天圣进士，曾官翰林学士、史馆修撰。与欧阳修等合修《新唐书》。书成后，官进工部尚书、拜翰林学士承旨。谥景文。因其《玉楼春》词中有"红杏枝头春意闹"句，故世称"红杏尚书"。著作有清人所辑《宋景文集》。
③群芳：泛指百花。分荣：分别于不同的时节开花。荣，用作动词，开花。
④冠：位居第一。时序：季节的顺序。
⑤聊披：暂且开放。
⑥此句谓月季花不受季节变化的影响。
⑦真宰：古人想象中的宇宙主宰者。
⑧造形：造设形象。《宣和画谱》："于是画道释像与夫儒冠之风仪，使人瞻之仰之，其有造形而悟者，岂曰小补之哉？"

月　季①

韩　琦②

牡丹殊绝萎春风③，露菊萧疏怨晚丛④。
何似此花荣艳足⑤，四时长放浅深红⑥。

【注释】

①此诗录自《渊鉴类函》卷四〇六。

②韩琦(1008—1075),北宋大臣。字稚圭,相州安阳(今属河南)人。仁宗时进士,任右司谏。嘉祐间迭任枢密使、宰相。神宗时,出知相州、大名等地。极力反对王安石变法,为保守派首脑。封魏国公。著作有《安阳集》。

③殊绝:特别出色,超绝。萎春风:枯萎于春风之中。谓牡丹虽然艳丽,但它却过不了春天。

④露菊:即菊花。菊花开于秋季,而秋季露水最甚,故称为"露菊"。萧疏:形容稀稀落落。

⑤荣艳:繁茂艳丽。

⑥四时:即四季。

腊前月季①

杨万里②

只道花无十日红,此花无日不春风。
一尖已剥胭脂笔③,四破犹包翡翠茸④。
别有香超桃李外,更同梅斗雪霜中。
折来喜作新年看⑤,忘却今晨是季冬⑥。

【注释】

①此诗录自《诚斋集》卷三八。腊:农历十二月。

②杨万里:见37页注②。

③剥:剥露。胭脂笔:用以蘸胭脂化妆或作画的毛笔。喻含苞未放的花蕊状。

④四破:谓花已开放了。翡翠茸:翡翠鸟的绒毛。喻绿色的花蒂。

⑤新年:新春,新的一年。

⑥忘却:忘掉。季冬:晚冬,冬末。

长春花①

朱淑真②

一枝才谢一枝殷③,自是春工不与闲④。

纵使牡丹称绝艳,到头荣悴片时间⑤。

【注释】

①此诗录自《断肠诗词集》卷五。长春花:从诗意看,这首诗是咏颂月季花的,故此"长春"乃月季之别名,与夹竹桃科的"长春"不同。

②朱淑真,宋代女作家。号幽栖居士,钱塘(今浙江杭州)人。一说海宁(今属浙江)人。生于仕宦家庭,相传因婚嫁不满,抑郁而死。能画,通音律。著作有《断肠集》。

③殷:犹茂盛。

④春工:司春之神。不与闲:不给月季以片刻的闲暇。

⑤荣悴:繁茂与衰落。片时:片刻。句谓牡丹的花期很短。

月季花①

孙星衍②

已共寒梅留晚节③,也随桃李斗浓葩④。

才人相见都相赏⑤,天下风流是此花⑥。

【注释】

①此诗录自《孙渊如诗文集·冶城遗集》上卷。

②孙星衍:见9页注②。

③晚节:此谓晚时的节操。

④浓葩(pā):浓艳的花。

⑤才人:有才华的人。相:偏指,指月季花。

⑥风流:形容杰出、美好。

蔷薇,又名"买笑""玉鸡苗""刺红",俗称"刺莓苔"。属蔷薇科落叶灌木,茎具蔓性,多刺。花有五色,经春历夏,繁荣不断。品种有深红蔷薇、千叶大红、荷花蔷薇等。另外又有金黄、淡黄、紫、白、黑者都是上品。

此花极易繁殖,四季皆可扦插。性耐寒耐旱,很适宜在庭院中栽植或结花屏。

"朝露洒时如濯锦,晚风飘处似遗钿。"唐徐夤的诗句,使蔷薇的形象栩栩如生,跃然纸上。蔷薇花在我国的历史也很悠久了,早在南朝齐就有诗咏赞它,到了唐代,已深受人们的垂青。唐诗人对之饮酒,挥毫颂之的作品特别多。但是,今天它似乎已不是那么被人珍重,也许是它身上的刺太多了吧。

蔷薇

咏蔷薇①

谢朓②

低枝讵胜叶③,轻香幸自通④。发萼初攒紫⑤,余采尚霏红⑥。新花对白日⑦,故蕊逐行风⑧。参差不俱曜⑨,谁肯盼微丛⑩。

【注释】

①此诗录自《谢宣城集》卷五。
②谢朓(464—499),南朝齐诗人。字玄晖,陈郡阳夏(今河南太康)人。曾官宣城太守,故后世称"谢宣城"。官至尚书吏部郎。后被萧遥光诬诣,下狱死。著作有后人所辑《谢宣城集》。
③讵:犹岂,岂能。因蔷薇枝茎具蔓性而低垂,故云不及其他花的枝叶好。
④自通:为自己打通道路。句谓幸好有香气得到人们喜爱。
⑤发萼:刚长出花苞。攒(cuán):聚集。蔷薇每枝有五六朵花,故云。
⑥句谓浓郁的色彩把雨都映红了。
⑦白日:太阳。
⑧故蕊:衰落的花。行风:风每时都在流动,故称"行风"。
⑨参差(cēncī):时间先后不一。曜(yào):照耀。句谓蔷薇花此落彼开,不能同时被阳光照耀。
⑩盼:看,欣赏。

蔷薇①

朱庆馀②

绕架垂条密,浮阴入夏清③。绿攒伤手刺,红堕断肠英④。粉着蜂须腻⑤,光凝蝶翅明⑥。雨来看亦好,况复值初晴⑦。

【注释】

①此诗录自《文苑英华》卷三二二。

②朱庆馀,唐诗人。越州(治今浙江绍兴)人。宝历进士,官秘书省校书郎。著作有《朱庆馀诗集》

③浮阴:花架下的阴凉地。清:凉爽。

④英:花朵。

⑤粉:花粉。着:附着。腻:引申谓肥大。句谓花粉粘在蜂须上,使之变粗了。

⑥光:指花的光彩。凝:凝聚。句谓蔷薇花的光彩映照着蝴蝶,蝴蝶的翅膀更加明丽。

⑦况复:何况。值:逢着,赶上。

蔷 薇①

齐 己②

根本似玫瑰③,繁美刺外开。香高丛有架,红落地多苔④。去住闲人看⑤,晴明远蝶来⑥。牡丹先几日,销歇向尘埃⑦。

【注释】

①此诗录自《白莲集》卷六。

②齐己:见14页注②。

③根本:树木的根干。

④红:代指花。

⑤去住:离开和停下,泛指来往行人。

⑥晴明:形容天气清澈明朗。

⑦销歇:谓衰残零落。尘埃:尘土。二句谓牡丹虽然早开几天,但现在早已衰落了。

蔷薇花①

杜 牧②

朵朵精神叶叶柔③,雨晴香拂醉人头。
石家锦帐依然在④,闲倚狂风夜不收。

【注释】
①此诗录自《樊川诗集注·补遗》。
②杜牧(803—852?),唐文学家。字牧之,京兆万年(今陕西西安)人。太和进士。历任监察御史,黄、池、睦诸州刺史,司勋员外郎,官终中书舍人。著作有《樊川文集》。
③精神:形容有神采风韵。
④石家:指晋石崇。锦帐:一本作"锦幛"。旧传石崇为争奢斗富,曾设锦帐护花,故云。

红蔷薇歌①

王 毂②

红霞烂泼猩猩血③,阿母瑶池晒仙缬④。
晚日春风夺眼明,蜀机锦彩浑疑觑⑤。
公子亭台香触人,百花懴愣无精神⑥。
苎罗西子见应妒⑦,风光占断年年新⑧。

【注释】
①此诗录自《全唐诗》卷六九四。
②王毂,唐代宜春(今属江西)人。乾宁五年(898)进士,官终尚书郎。有集三卷。
③猩猩血:古谓猩猩的血最鲜红。全句形容红蔷薇就像红霞泼上猩猩

血一样鲜红。

④阿母:即西王母,古神话中神的名。瑶池为西王母所居之地。仙缬:仙府中的彩球,喻指花朵。

⑤黦(yuè):黄黑色。句谓以精致华美著称的蜀锦在红蔷薇面前也黯然失色。

⑥懡㦬(mǒ luǒ):形容惭愧的样子。

⑦苎罗西子:即春秋时越国美女西施。据说西施是苎罗山下的人,故称。

⑧风光:犹景色。占断:占尽。

黄 蔷 薇①

洪 适②

彤阙妆红暖③,金门赐鞠衣④。
若无纤刺骨⑤,一摘便须稀。

【注释】

①此诗录自《盘洲文集》卷八。

②洪适:见36页注②。

③彤阙:朱红色的宫阙,此代指天庭。红暖:红色,因红色具暖性,故称。

④金门:原为汉代宫门名,此亦代指天庭。鞠衣:古王后六服之一,九嫔及子男之妻亦服之。其颜色像嫩黄的桑芽,故又名"黄桑服"。此代指黄色。

⑤纤刺:细小的刺。

黄 蔷 薇①

张仲英②

分得蔷薇种,新妆学道家③。春风开到此,也似厌秾华④。竹援扶幽露⑤,墙遮背晚霞。长条自张主⑥,淡着数枝花。

【注释】

①此诗录自《江苏诗征》卷六〇。

②张仲英,字寿宾,号春畴,清代江都(今属江苏)人。附贡生。著作有《百蝶轩诗稿》。

③道家:信奉道教的人。因道家着黄衣,故云。

④秾华:繁茂浓艳。

⑤幽露:清冷的露水。

⑥张主:犹主张,主宰。

"八仙过海,各显神通",这是我国人民所熟悉的成语。八仙花的名字正来源于此。

八仙花又名"聚八仙""阴绣球"。为虎儿草科落叶灌木。每年六至七月开花。花序呈球形,常为一蒂八蕊,簇成一朵,真可谓名副其实了。簇簇热闹的花朵,给人以明快美丽的感受。其花色彩也很美,能由白色变为粉红色或蓝色。人们喜欢盆栽以供观赏。

八仙花主要用扦插法繁殖,性畏寒,喜半阴,畏烈日。只要注意这些,它就能为你开出五颜六色的美丽花朵来。

八仙花

聚 八 仙①

洪 适②

圆整装花蕊③,周遭列饮仙④。

琼英难上僭⑤,簇蝶不同年。

【注释】

①此诗录自《盘洲文集》卷八。聚八仙:八仙花的别名。
②洪适:见36页注②。
③圆整:圆形而整齐,因全花呈球形,故云。
④周遭:周围。饮仙:正在饮酒的仙人。
⑤上僭(jiàn):谓向上超越本分,冒用神的名义。

玫瑰

"玫瑰非奇卉也,然可食可佩。"古人王敬美的评价,较准确地概括了玫瑰的功用。

把色泽鲜艳、香气四溢的玫瑰佩戴在身上,人也显得格外精神。用香味浓郁的玫瑰花作香料,更是饮食上品。《花经》上说:"(玫瑰)花片常充食用,以之作馅、浸酒、泡茶,其味无穷。"

玫瑰又名"刺玫花""徘徊花",原产我国及日本,属蔷薇科落叶灌木。玫瑰花还有一个特点:每抽新枝时,老本易枯死,必须赶快将老根旁的嫩枝移栽他处,这样则母子俱可繁茂。因此,民间又称之为"离娘草"。

由于玫瑰的实用价值很高,现在我国已有一些地方专门种植此花,以满足人们生活的需要。世界其他国家和地区也很重视玫瑰的栽培,亚、欧以及北美等洲几乎都有玫瑰的芬芳气息。保加利亚还把玫瑰作为自己的国花。

玫 瑰①

唐彦谦②

麝炷腾清燎③,鲛纱覆绿蒙④。宫妆临晓日⑤,锦段落东风⑥。无力春烟里⑦,多愁暮雨中⑧。不知何事意⑨,深浅两般红。

【注释】

①此诗录自《才调集》卷六。
②唐彦谦,字茂业,号鹿门先生,唐代晋阳(今山西太原)人。乾符末王重荣辟为河中从事,官终阆、壁二州刺史。著作有《才调集》。
③麝炷:用麝香做成供点烧的圆柱体。清燎:清香的火苗。句比喻花香浓烈。
④鲛纱:又称"鲛绡",传说为鲛人所织。《述异记》卷上:"南海出鲛绡纱,泉室潜织,一名龙纱。其价百余金,以为服,入水不濡。"绿蒙:绿色的遮蔽物,此指花的绿叶。
⑤宫妆:宫女的妆束。句谓花就像早晨梳妆已毕的美女面容。
⑥锦段:同"锦缎",华丽的丝织品。句谓花就像锦缎落于春风之中。
⑦以拟人手法写玫瑰在明媚春光里的娇柔姿态。
⑧以拟人手法写玫瑰遭风雨而即将凋落的情形。
⑨何事意:什么原因。

红 玫 瑰①

杨万里②

非关月季姓名同③,不与蔷薇谱谍通④。
接叶连枝千万绿,一花两色浅深红。
风流各自燕支格⑤,雨露何私造化功⑥。
别有国香收不得⑦,诗人熏入水沉中⑧。

【注释】

①此诗录自《诚斋集》卷二二。
②杨万里:见37页注②。
③关:牵连、涉及。
④谱谍:引申指门类,种属。
⑤风流:丰韵神采。燕支:即胭脂。格:格致,风度。
⑥私:占为己有。造化:指天地,自然界。
⑦国香:形容最上品的香味。
⑧水沉:见17页注⑥。

初夏庭中玫瑰盛开口占(二首选一)①

陈 确②

玫瑰花放大于盘,绝胜怀新紫牡丹③。

可惜蚕忙刚四月④,人间只许病夫看⑤。

【注释】

①此诗录自《陈确集》卷一二。口占:作诗不起草稿,随口吟诵而成,称为"口占"。
②陈确(1604—1677),明清之际思想家。初名道永,字非玄,后改名确,字乾初,海宁(今属浙江)人。四十岁才受学于刘宗周,明亡后,隐居著述。晚年得拘挛疾,病困十余年而卒。著作有《陈确集》等。
③绝胜:肯定超过。怀新:犹言刚刚开放。
④古时浙江一带养蚕户以农历四月为大忙之时。明谢肇淛《西吴枝乘》:"吴兴以四月为蚕月,家家闭户,官府勾摄征收,及里闬往来庆吊,皆罢不行。"
⑤病夫:作者久病于榻,故以此自称。

凌霄,一作"陵霄",又名"紫葳""凌苕""女葳""菱华""武葳""瞿陵",亦有人称之为"鬼目"。称之"凌霄",是因其能攀援他木而上数十丈,大有凌云腾空之势的缘故。

《诗经·小雅·苕之华》里有这样的诗句:"苕之华,芸其黄矣";"苕之华,其叶青青"。这里的"苕华",就是凌霄花。可见凌霄历史的悠久。

凌霄是紫葳科落叶木质藤本。《群芳谱》谓此花"开花一枝千余朵,大如牵牛,花头开五瓣,赭黄色,有数点"。花也有红色或橘红色的。在庭院中,在长廊上,搭上几棚凌霄,在炎热的夏天,可洒下一片浓荫,让人们休憩游赏。享受着酷暑中的清凉之乐,欣赏着状若喇叭的秀丽花朵,可谓赏心悦目矣。但应注意,此花有毒,其香不可久闻。《花镜》曰:"闻太久则伤脑,妇人闻之能坠胎。"

凌霄

凌　霄[1]

白居易[2]

有木名凌霄,擢秀非孤标[3]。偶依一株树,遂抽百尺条[4]。托根附树身,开花寄树梢。自谓得其势,无因有动摇[5]。一旦树摧倒,独立暂飘飘[6]。疾风从东起[7],吹折不终朝[8]。朝为拂云花[9],暮为委地樵[10]。寄言立身者[11],勿学柔弱苗!

【注释】

①此诗录自《白居易集》卷二《有木诗八首》,标题为编者所加。
②白居易:见24页注②。
③擢秀:同"拔秀",植物繁荣滋长。孤标:独立的树梢。因凌霄花靠攀援他木,故云"非孤标"。
④抽:生长出。百尺条:形容很长的枝条。
⑤无因:犹言没有什么力量。
⑥飘飘:同"飘摇",飘荡无着。
⑦疾风:迅疾之风。
⑧不终朝:不到一个早晨。
⑨拂云花:挨到云彩的花,形容此花攀援得很高。
⑩委地樵:倒在地上的柴草。
⑪立身者:谓有事业心的志士。

凌　霄[1]

曾文照[2]

凌波体纤柔[3],枝叶工托丽[4]。青青乱松树,直干遭蒙蔽[5]。不有严霜威[6],焉能辨坚脆[7]。

【注释】

①此诗录自《渊鉴类函》卷四〇六。
②曾文照,一作曾文昭,七岁应南唐童子科,擢第三。宋时官永城令,迁蒙城令,官终大理司直。
③凌波:原形容女性步履轻盈,此引申谓凌霄攀援他木能轻易而上。纤柔:细弱柔软。
④工:擅于,善长。托丽:把自己的美丽依托于他物。
⑤蒙蔽:遮蔽覆盖。
⑥不有:没有。严霜:寒冷的霜。
⑦焉能:哪能。坚脆:坚强与脆弱。

凌霄①

洪适②

天借凭依便③,云霄若可凌④。
莫教风拔木,却羡水飘萍。

【注释】

①此诗录自《盘洲文集》卷九。
②洪适:见36页注②。
③借:给予。便:方便。
④凌:干犯。此引申谓登越。

陵霄花①

陆游②

庭中青松四无邻,陵霄百尺依松身③。
高花风堕赤玉盏④,老蔓烟湿苍龙鳞⑤。
古来豪杰人少知,昂霄耸壑宁自期⑥。

抱才委地固多矣⁷,今我抚事心伤悲⁸。

【注释】

①此诗录自《陆游集》卷三四。
②陆游:见17页注②。
③百尺:虚指数,极言其高。
④赤玉盏:喻凌霄花,因花形似盏,故称。
⑤老蔓:指凌霄花干。苍龙鳞:喻松树皮,因松树皮状如鳞,故称。
⑥昂霄耸壑:昂首于云霄之巅,耸立于丘壑之上,喻出人头地。自期:自抱希望。
⑦抱才:怀抱高超才干。委地:婉言死。
⑧抚事:犹言想起、看见或听到这些事。

凌 霄 花①

范 浚②

栽松待成阴③,种漆拟作器④。人皆笑艰拙⑤,往往得后利。君看植凌霄,百尺蔓柔翠⑥。新花郁煌煌⑦,照日吐妍媚⑧。风霜忽摇落⑨,大木亦凋瘁⑩。视尔托根生,枯茎无残蒂⑪。先荣疾萧瑟⑫,物理固难恃⑬。凌霄亟芳华⑭,衰歇亦容易⑮。

【注释】

①此诗录自《宋诗钞·香溪集钞》。
②范浚,字茂明,宋代兰江(在今浙江省东部)人。绍兴中举贤良方正。因秦桧当国,抗节不仕,隐于香溪,因称"香溪先生"。著作有《香溪集》。
③此句谓栽下松树,为的是期待它早日成荫。
④此句谓栽种漆树,是为了准备做些家具。
⑤艰拙:艰难愚拙。
⑥柔翠:柔弱而青翠。

⑦煌煌:形容色彩鲜明。
⑧妍媚:娇艳媚丽。
⑨摇落:原意为零落,此引申谓降落。
⑩凋瘁:凋零衰落。
⑪残蒂:剩余的花朵。
⑫先荣:先开的花。萧瑟:引申谓衰落。
⑬物理:事物发展的规律。恃:依靠。
⑭亟:急切,急忙。芳华:犹言开花。
⑮衰歇:衰落。

酴醾花

"酴醾不争春,寂寞开最晚"。每当暮春之时,百花渐次凋零,而酴醾却昂首怒放,于花事阑珊之际,独放异彩,给大自然的美,接上连续的一环,让人们在生活中能不间断地得到美的享受,使人们的生活情趣得到进一步充实。酴醾的花期在节令上可谓承上启下。

酴醾本作"荼蘼",据《群芳谱》云,因其花"色黄似酒,故加'酉'字"。可是现在,酴醾经过人们的培育,早已不止一种颜色,而有红、白、黄等多种色彩了。

酴醾又名"佛见笑""独步春""百宜枝""雪梅墩""琼绶带""白蔓君""傅粉绿衣郎""沉香密友",从这些各具特色的别名里,也可窥视它品种繁多之一斑了。

酴醾属蔷薇科落叶灌木,形状酷似蔷薇,花单生,大型重瓣。因为它不结籽实,所以通常用压条或扦插法繁殖。

酴醾花①

欧阳修②

清明时节散天香③,轻染鹅儿一摸黄④。
最是风流堪赏处,美人取作浥罗裳⑤。

【注释】
①此诗录自《渊鉴类函》卷四〇六。《欧阳文忠公全集》未见载。
②欧阳修(1007—1072):北宋文学家,史学家。字永叔,号醉翁,晚年自号六一居士,吉水(今属江西)人。二十四岁中进士,曾任枢密副使、参知政事,卒谥文忠。著作有《欧阳文忠公全集》,并与宋祁等合撰《新唐书》。
③清明:节令名。为二十四节气之一,每年约在公历四月四日或五日。天香:喻指极美丽的花。
④鹅儿:即鹅黄酒,见 58 页注⑩。一摸:同"一抹",一片,指轻微的痕迹。
⑤浥(yì):原意为湿润,此引申谓使香味渗透。罗裳:泛指丝绸衣服。

和王晋卿都尉荼蘼二绝句(选一)①

苏辙②

后圃荼蘼手自栽③,清于芍药酽于梅④。
旧来诗客今无几,三嗅馨香懒举杯⑤。

【注释】
①此诗录自《栾城集·后集》卷一。
②苏辙(1039—1112),北宋散文家。字子由,号颍滨遗老,眉山(今属四川)人。嘉祐进士,官尚书右丞、门下侍郎。与父洵、兄轼合称"三苏",为"唐宋八大家"之一。著作有《栾城集》。
③后圃:后面的花园。
④清:清纯。酽(yàn):浓郁。
⑤三:虚指数,表示数少。句谓稍闻两次,就不愿喝酒,形容花香之甚。

次韵李秬酴醾①

晁补之②

天红琐碎竞春娇③,后出何妨便夺标④。
云鹤嬉晴来万只,玉龙惊震上千条。
蓐收晃荡风前仗⑤,萼绿飘翩月下绡⑥。
曾向琼林亭畔见⑦,天涯相遇一魂销。

【注释】

①此诗录自《鸡肋集》卷一八。
②晁补之(1053—1110),北宋文学家。字无咎,号归来子,巨野(今属山东)人。元丰进士,曾任吏部员外郎、礼部郎中,兼国史编修、实录检讨官等职。为"苏门四学士"之一。著作有《鸡肋集》《晁氏琴趣外篇》。
③夭红:艳丽的红色。琐碎:原意为细碎,此引申谓繁多。
④后出:最后开放。夺标:夺得第一名。
⑤蓐收:古传说为金神名。因秋属金,又传为秋神。《礼记·月令》:"孟秋之月,其帝少昊,其神蓐收。"晃荡:犹摇动。风前仗:喻花朵摇动,像风中的兵仗。
⑥句谓月下看花萼,如同轻飘的绿绡。
⑦琼林:宋代苑名,在汴京城西,宋徽宗政和二年(1112)以前,在此宴请新及第的进士。

东阳观酴醾①

陆 游②

福州正月把离杯③,已见酴醾压架开。
吴地春寒花渐晚④,北归一路摘香来。

【注释】

①此诗录自《陆游集》卷一。东阳:县名,今属浙江省。
②陆游:见17页注②。
③福州:市名,今为福建省省会。把离杯:在饯别席上端着酒杯。
④吴地:今长江中下游地区,因古属吴国,故称。大约包括今江苏、上海的大部和浙江、安徽的一部分。

酴　　醾①

杨万里②

以酒为名却谤他③,冰为肌骨月为家。
借令落尽仍香雪④,且道开时是底花⑤?
白玉梢头千点韵⑥,绿云堆里一枝斜⑦。
休休莫劚西庄柳⑧,放上松梢分外佳⑨。

【注释】

①此诗录自《诚斋集》卷二○。
②杨万里:见37页注②。
③酴醾亦为酒名。汉扬雄《蜀都赋》:"蒻酱酴清。"章樵注:"酴清,酴醾酒。"
④借令:犹即使。香雪:见65页注⑥。
⑤底花:最后开的花。因酴醾开于暮春,其时其他花大多已谢,更显出它的香艳。
⑥白玉:喻花的干茎。千点韵:形容花朵繁多。韵,韵致。
⑦绿云堆:喻茂盛的花叶。
⑧劚(zhǔ):砍斫。
⑨松梢:一本作"梢头"。

　　十姊妹属蔷薇的一个变种。原产我国，经过长期的辛勤培育，已自成一体，有着自己的特点：此花蔓生，叶呈小圆形，花似蔷薇而稍小，一簇数花，亦有十朵者，亦有七朵者，后者又称"七姊妹"。颜色有深红、淡红、白紫等多种。花气香而不浓，花形美而不夭。用扦插法繁殖，极易成活。

　　十姊妹，是多么富有雅趣的名字。一簇簇艳丽的花朵，真像在一起争芳斗艳的俏姊妹；而在那由数朵花组成的花簇里，朵与朵之间相互辉映，又像一群情投意合、和睦相处的好姊妹。看着那花簇里张张少女般的笑脸，似乎也能听到众姊妹发出的银铃般笑声。

十姊妹花

戏题十姊妹花①

袁宏道②

缬屏缘屋引成行③,浅白深朱别样装。

却笑姑娘无意绪④,只将红粉闹儿郎⑤。

【注释】

①此诗录自《袁宏道集笺校》卷二九。
②袁宏道:见60页注②。
③缬屏:彩色画屏。谓其枝绿花红,宛如彩屏。缘屋:攀援房屋。
④意绪:犹心思,心绪。
⑤闹:引逗。儿郎:男子。

对窗前十姊妹花①

姚士基②

飞燕轻盈冠汉宫③,犹嫌合德住椒风④。

同根怜尔无情物⑤,岁岁齐开几样红。

【注释】

①此诗录自《皖雅初集》卷四。
②姚士基,字履若,号松岩,清代桐城(今属安徽)人。康熙壬子(1672)举人,官罗田知县。著作有《松岩诗集》。
③飞燕:即赵飞燕,汉成帝皇后,善歌舞,据说因其体态轻盈,故名"飞燕"。
④合德:即飞燕孪生妹,封为昭仪,与飞燕同受汉成帝宠。椒风:汉宫阁名,后亦泛指妃嫔所居。
⑤同根:因飞燕与合德为孪生姐妹,故云。怜尔:爱你。

咏十姊妹花①

吕兆麒②

少小爱芳华,风情迥自夸③。低翻隋苑锦④,密簇汉宫纱⑤。绰约宜初日⑥,婵娟对晚霞⑦。霓裳留艳曲⑧,应不在庐家⑨。

【注释】

①此诗录自《皖雅初集》卷二一。

②吕兆麒,字凤友,号星泉,清代旌德(今属安徽)人。嘉庆壬戌(1802)进士,选庶吉士,官至剑州知州。著作有《宦蜀诗钞》。

③风情:丰神韵致。迥:形容跟别的花不一样,很特殊。

④隋苑锦:指隋朝的织锦。据《隋书》载,炀帝筑西苑,周二百里,堂殿楼观,悉极华丽。宫树秋冬凋零,则剪彩为花叶缀于枝条,色淡则易以新者,常如阳春。

⑤汉宫纱:指汉代的丝织品。二句皆形容十姊妹花之美。

⑥绰(chuò)约:形容姿态柔美。

⑦婵娟:形容花容美好。

⑧霓裳:即"霓裳羽衣舞"的缩称。唐代宫廷乐章,著名法曲。其舞、乐及服饰都着力描绘虚无缥缈的仙境和仙女形象。

⑨庐家:谓平民住的简陋小屋。

鸡冠花虽然原产印度,但在我国落户的历史也很悠久,早在唐代就有咏颂它的诗句了。鸡冠花属苋科一年生直立草花,严格地说,那顶在头上的鸡冠并非一朵花,而是一个大的肉质花序。花序上部呈羽状,中下部由许多干膜状小花集聚,组成一顶壮观的花冠。鸡冠花最大的特点是花期长。《花镜》云:"鸡冠似花非花,开最耐久,经霜如焉。"所以它很适合于庭院及花坛的布置。

"秋光及物眼犹迷,著叶婆娑拟碧鸡。精采十分伴欲动,五更只欠一声啼。"寥寥数语,把鸡冠花描绘得栩栩如生。鸡冠花也确实名不虚传,那卓然挺立的花和雄鸡之冠相比,几乎可以乱真。再加以不断的培育和发展,花色已有红、紫、黄、白、橙、双色等品种;花形也有圆锥形、扁形、穗形及扫帚形等多种多样的变化。因此,更显得鸡冠花的五色缤纷、绚丽多彩了。

鸡冠花

鸡冠花①

罗邺②

一枝秾艳对秋光③,露滴风摇倚砌傍④。

晓景乍看何处似⑤,谢家新染紫罗裳⑥。

【注释】

①此诗录自《全唐诗》卷六五四。
②罗邺,唐代诗人,余杭(今属浙江)人。诗多七言,在咸通、乾符中,与罗隐、罗虬合称"三罗"。明人辑有《罗邺诗集》。
③秾艳:代指繁茂艳丽的鸡冠花。
④砌:台阶。
⑤乍看:初看,猛一看。
⑥谢家:似指唐舞伎谢阿蛮,原为民间艺人,后入宫廷,唐玄宗曾亲自为她作曲。

白鸡冠花①

王 令②

如飞如舞对瑶台,一顶春云若剪裁③。

谁为移根蓂荚畔④,玉鸡知应太平来⑤。

【注释】

①此诗录自《王令集》卷一〇。
②王令(1032—1059),北宋诗人。字逢原,广陵(治今江苏扬州)人。以教书为生,王安石对他的诗文和人品都很推重。著作有《王令集》。
③春云:喻鸡冠花像春天的云一样美丽。
④蓂荚:亦名"历荚",古传说中的一种瑞草。畔:旁边。
⑤玉鸡:喻白鸡冠花。

鸡　冠①

洪　适②

芥毛金爪勇难干③，肯作霜花对乍寒④。

若说乘轩有痴鹤⑤，司晨如此合峨冠⑥。

【注释】

①此诗录自《盘洲文集》卷二。
②洪适：见36页注②。
③此句写雄鸡的形貌。芥毛：纤细的毛。干：干犯、冒犯。
④乍寒：初寒。
⑤据《左传·闵公二年》载："卫懿公好鹤，鹤有乘轩者。"轩：高大的车子。
⑥司晨：原指报晓的雄鸡，此代指鸡冠花。合：应该。峨冠：高大的帽子，此指官帽。

鸡 冠 花①

钱士升②

曾听鸡人报晓筹③，数声喔喔午门楼④。

而今只有闲庭草⑤，绛帻空垂对素秋⑥。

【注释】

①此诗录自《天启崇祯两朝遗诗》卷五。
②钱士升，字抑之，明代嘉善（今属浙江）人。万历中殿试第一，授翰林修撰。崇祯中累官礼部尚书，兼东阁大学士、参预机务。后引罪乞休。著作有《周易揆》《逊国逸书》等。
③鸡人：古官名，专职报晓以警百官。晓筹：清晨的时间。筹，为古时一种计时工具。
④午门：古时帝王宫城的正门。

⑤闲庭:空荒的庭院。
⑥绛帻:原为汉宿卫士的紫色服装。《汉宫仪》:"于朱雀门外,著绛帻,传鸡唱。"此代指紫色鸡冠花。素秋:秋季的别称。按古代"五行"说法,秋季尚白色,故称"素秋"。

鸡　冠①

洪亮吉②

尔亦知时者③,忘言得久安④。未应怜铩羽⑤,空自揭高冠⑥。秋实宁同味,幽花不并看。刘琨思起舞⑦,侧耳听无端⑧。

【注释】

①此诗录自《卷施阁诗》卷一八。
②洪亮吉:见46页注②。
③知时:知道时间早晚。把鸡冠花比喻为鸡。
④此句谓鸡冠花忘记鸣叫而久久安稳。
⑤铩(shā)羽:伤害了的翅膀。因鸡冠花无翅,故云。
⑥揭:原意为扛、持,此引申谓戴。
⑦刘琨:晋将领。据《晋书·祖逖传》载,刘琨和祖逖常互相勉励,半夜听到鸡鸣,便起床舞剑。"闻鸡起舞"典即出此。
⑧无端:谓原本便没有的事。此指鸡鸣。

虞美人,原是楚将项羽的爱妾——虞姬的美称。这位姿容出众的美人常随项羽出征,最后,项羽被困垓下时,她看大势已去,便高唱"大王意气尽,贱妾何聊生"而自刎。后来人们就把这种美丽的花称为"虞美人",大概是藉以寄托哀思吧。

虞美人花原名"丽春",又名"百般娇""蝴蝶满园春"。属罂粟科一年生草本植物。它有四片花瓣,但花色奇特。《花镜》生动详细地描写此花:"单瓣丛心,五色俱备,姿态葱秀,尝因风飞舞,俨如蝶翅扇动,亦花中之妙品。"

此花原产欧洲,早在唐代以前就传入我国,现在我国各地都有栽培,品种也越来越多,颇受人们喜爱。

虞美人花

丽春①

杜甫②

百草竞春华③,丽春应最胜。少须颜色好④,多漫枝条剩⑤。纷纷桃李姿,处处总能移。如何此贵重,却怕有人知⑥。

【注释】

①此诗录自《杜诗详注》卷一〇。
②杜甫:见13页注②。
③竞春华:在春天里竞相争艳。
④少须:一本作"少顷"。
⑤漫:漫生。此花为柔干植物,故云。剩:犹"多",形容枝条繁茂。
⑥卢世㴲注曰:"彼桃李凡姿,随移随活,独丽春性异,移之即槁,却似怕人知者。"

虞美人花①

吴嘉纪②

楚汉已俱没③,君坟草尚存④。几枝亡国恨,千载美人魂。影弱还如舞,花娇欲有言。年年持此意,以报项家恩⑤。

【注释】

①此诗录自《吴嘉纪诗笺校》卷一四。
②吴嘉纪(1618—1684),清初诗人。字宾贤,号野人,泰州(今属江苏)人。蛰居家乡,生活贫困,终生未仕。著作有《陋轩诗集》。
③楚汉:公元前206年,秦亡后,项羽自立为西楚霸王,封刘邦为汉王。

之后二者一直进行争夺封建统治权的战争,至公元前 202 年,项羽兵败垓下,自刎乌江,刘邦即位,楚汉之争才告结束。

④君坟:指虞姬墓。据《灵璧志略》载,虞姬墓在灵璧(今属安徽)城东十五里,汴堤南。

⑤项家:指项羽。虞姬为项羽宠妾,故云。

虞美人花①

孙念谋②

垓下已捐身③,花枝血溅新。
芳魂化幽草④,羞作汉宫春⑤。

【注释】

①此诗录自《金陵诗征》卷三四。

②孙念谋,字绳武,一字苣泉,清代上元(治今南京市)人。监生,著作有《双芝圃集》。

③垓下:地名,在今安徽省灵璧县南沱河北岸。项羽和刘邦曾决战于此。捐身:谓死去。虞姬自刎于此。

④芳魂:指女性的魂魄,此指虞姬。

⑤汉宫:代指刘邦建立的汉朝。

虞 美 人①

许 氏②

君王意气尽江东③,贱妾何堪入汉宫④。
碧血化为江上草⑤,花开更比杜鹃红⑥。

【注释】

①此诗录自《江苏诗征》卷一六二。

②许氏,女,清代上海人,文定公孙女。其余未详。

③君王:指项羽。江东:长江在九江、南京间作西南、东北流向,习惯上称现今长江下游的江南一带为"江东"。《史记·项羽本纪》:"纵江东父兄怜而王我,我何面目见之?"

④贱妾:以虞姬口气自称。何堪:犹言怎能忍受。

⑤碧血:《庄子·外物》:"苌弘死于蜀,藏其血,三年化而为碧。"后常以"碧血"赞颂为国死难的人。

⑥杜鹃:即杜鹃花,又名"映山红"。

罂粟花并不像鸦片那么可恶。它开着大大的花朵,四片相对的花瓣,显得非常秀丽、端庄。罂粟花的花色很多,有红、紫、白及粉红等多种颜色,如果在庭院中栽上数棵,则会使庭院五彩缤纷,锦绣夺目。

罂粟花一名"御米",一名"米囊花",皆因其种子似米状而得名。它原产欧洲,在唐以前已传入我国。

由于罂粟花的果实可制作鸦片,而鸦片又是一种毒性很强的药,常用可以上瘾,所以我国把罂粟花列为禁种植物。这样,人们就很少有机会欣赏到它美丽的花貌了。

罂粟花

米 囊 花①

郭 震②

开花空道胜于草,结实何曾济得民③。
却笑野田禾与黍④,不闻弦管过青春⑤。

【注释】

①此诗录自《全唐诗》卷六六。
②郭震(656—713),字元振,唐代魏州贵乡(今河北大名东北)人。咸亨进士,武则天擢为右武卫铠曹参军,官至朔方军大总管。后被谪饶州司马,病死途中。
③济:济助,接济。
④野田:泛指农田。
⑤弦管:原为乐器,此代指歌乐。因古人赏花常伴以乐,故云。

米 囊 花(二首选一)①

杨万里②

鸟语蜂喧蝶亦忙,争传天语诏花王③。
东皇羽卫无供给④,探借春风十日粮⑤。

【注释】

①此诗录自《诚斋集》卷八。
②杨万里:见37页注②。
③天语:犹言天帝的旨意,一本作"天诏"。
④东皇:传说中的司春之神。羽卫:卫队及仪仗队。供给:代指粮食。
⑤因此花种似米状,故云。

罂　粟①

刘克庄②

初疑邻女施朱染,又似宫嫔剪采成③。
白白红红千万朵,不如雪外一枝横。

【注释】
①此诗录自《后村先生大全集》卷三八。
②刘克庄:见63页注②。
③宫嫔:泛指宫女。剪采:剪裁彩绸。

罂　粟　花①

纪　昀②

罂粟花团六寸围,雪泥渍出胜浇肥③。
阶除开遍无人惜④,小吏时时插帽归⑤。

【注释】
①此诗录自《纪文达公遗集》卷一四。标题为编者所加。
②纪昀(1724—1805),清代学者、文学家。字晓岚,一字春帆,直隶献县(今属河北)人。乾隆进士,官至礼部尚书,协办大学士,谥文达。曾任四库全书馆总纂官,纂定《四库全书总目提要》。著作有《阅微草堂笔记》《纪文达集》。
③作者自注曰:"罂粟花开径二寸余,五色灿然,其子冬入土中,腊雪压之,较春莳者尤为畅茂。"
④阶除:台阶。
⑤小吏:作者自称。

早晨,篱笆上一朵朵牵牛花在晨曦中争相怒放,就像一支支喇叭,在为人们吹奏着战斗进行曲,人们都亲切地称之为"喇叭花"。

牵牛花又名"草金铃"。属旋花科一年生缠绕草本。花于秋季开放,有蓝、白、淡紫等多种颜色。叶有三尖,很像枫叶。原产热带美洲,亦有人说原产亚洲,不管原产何处,它来我国落户已是历史悠久了。

牵牛花不仅可供观赏,其种子还可入药,果实于嫩时采下用盐渍或糖浸,还可供菜食呢。

牵牛花有一大弱点,禁不住太阳晒,花朵朝开午休。此虽令人遗憾,好在它今天花败了,明早又会有许多新花开放。

牵牛花

牵　牛①

苏　辙②

牵牛非佳花,走蔓入荒榛③。开花荒榛上,不见细蔓身。谁剪薄素纱,浸文青蓝盆④。水浅浸不尽,下余一寸银⑤。嗟尔脆弱草⑥,岂能凌霜晨。物性有禀受⑦,安问秋与春⑧?

【注释】

①此诗录自《栾城集》卷二。
②苏辙:见87页注②。
③荒榛(zhēn):荒芜的树丛。
④浸文:引申谓染出花纹。青蓝:二种颜料名。
⑤银:代指白色。因牵牛花上半部分为蓝色或紫色,下半部分为白色,故云。
⑥嗟(jiē):叹息。脆弱草:因牵牛花不耐日晒,朝开午休,故称。
⑦物性:事物的本性。禀受:犹承受。
⑧安问:犹哪管。

牵 牛 花①

朱茂曙②

金飙初动露华滋③,最爱婵娟竹尾垂④。
多少红楼昏梦里⑤,不知秋色到疏篱。

【注释】

①此诗录自《明诗综》卷八二。
②朱茂曙,字子蘅,明代秀水(今浙江嘉兴)人。天启初补县学生,甲申

后辞去。卒后乡人私谥"度安先生"。著作有《春草堂遗稿》。

③金飙(biāo)：金风，即秋风。按古人"五行说"，秋季属金，故称秋风为"金风"。露华：露水。

④竹尾：竹子尾粗，如喇叭状，故以之喻牵牛花。

⑤红楼：旧常指富家女子的住处。

牵牛花十二韵①

朱彝尊②

小草无心蔓，疏篱到处延。凉分银汉水③，晓映碧罗天④。绊地三秋早⑤，含苞七夕先⑥。风吹长袅袅⑦，露洗更娟娟⑧。冷翠蕉林外，新黄豆叶边。日高翻自敛，夜久愈生妍。月影销衣后⑨，虫声搅梦前。捎沟香驿路⑩，堕雨滴罾船⑪。萤火黏常湿，蛛丝密易缘⑫。子多抛药白⑬，根不费花钱。旧入桐君录⑭，宜簪织女钿⑮。凭谁描竹尾⑯，幽思转翛然⑰。

【注释】

①此诗录自《腾笑集》卷七。

②朱彝尊(1629—1709)，清代文学家。字锡鬯，号竹垞，秀水(今浙江嘉兴)人。康熙时举博学鸿词科，授检讨。其为"浙西词派"的创始者，诗与王士禛齐名，时称"南朱北王"。著作有《曝书亭集》《日下旧闻》《腾笑集》等，并编有《词综》《明诗综》等。

③银汉：即天河。

④碧罗天：谓碧蓝的天。

⑤绊地：此花为藤蔓植物，蔓可拖地，故云。三秋：即秋季，因秋分早、中、晚三秋，故称。

⑥七夕：旧节日名，即夏历七月初七晚上，传说牛郎、织女于这一晚相会。

⑦袅袅:形容纤长柔美。
⑧娟娟:形容姿容美好。
⑨销:通"消",消失。
⑩驿路:我国古时为传车、驿马通行而修筑的大道。
⑪罾(zēng)船:泛指渔船。
⑫谓牵牛沿着蛛丝也能攀援。
⑬牵牛花的种子称为"牵牛子",可为药,主治水肿腹胀、脚气、大小便不利等症。
⑭桐君录:指桐君著的药书。桐君相传为黄帝时的医师,曾著《采药录》《药性》。
⑮簪(zān):通"簪",插戴。织女:古传说中的仙女。
⑯竹尾:见106页注④。
⑰幽思:郁结的情思。翛(xiāo)然:形容无拘无束,自由自在的样子。《庄子·大宗师》:"翛然而往,翛然而来。"

牵 牛 花①

徐芗坡②

墙腰篱角碧茸茸③,小草闲庭点缀工④。
弱质爱霑秋雨翠⑤,芳心愁对晓霞红。
凉分银汉迢迢水⑥,香送苔阶冉冉风⑦。
盼断鹊桥人去杳⑧,几枝疏影伴吟虫⑨。

【注释】

①此诗录自《湖海诗传》卷一八。
②徐芗坡,字苍林,号泽农,清代青浦(今属上海市)人。贡生,曾命入武英殿校书,未赴卒。
③茸茸:形容茂盛的样子。
④点缀:衬托或装饰。
⑤弱质:柔弱的体质。因此花蔓柔,故云。
⑥迢迢:形容遥远的样子。
⑦苔阶:长有青苔的台阶。冉冉:形容缓慢的样子。
⑧鹊桥:传说每年七夕喜鹊在天河搭桥,让牛郎、织女相会。杳:遥远。
⑨吟虫:鸣叫的秋虫。

"维士与女,伊其相谑,赠之以勺药。"《诗经·郑风·溱洧》里的诗句,说明两千多年前,芍药就深受人们的喜爱,被作为友谊和爱情的象征。人将离别,赠之以芍药,因此芍药又名"将离"。芍药开于暮春时节,故又名"婪尾春"。它还有"余容""没骨花"等别名。

芍药是我国著名的花卉之一。原产我国华北、华中各地。后以扬州芍药最为有名,宋代大诗人苏轼曾说:"扬州芍药为天下之冠。"而今天,却以山东菏泽和安徽亳县的芍药为首屈一指了。

芍药品种繁多,据《花镜》载,此花"有红、紫、黄、白数色,但巧立名目约百种"。常见的如紫色的乌龙探海、墨鸦献金;红色的大红袍、红云映日;黄色的黄金轮、锦带围;白色的白玉冰、青山卧雪等等,真乃各具其艳,美不胜收。

芍药花大而美。《花镜》曰:"园林中苟植得宜,则花之盛,更过于牡丹。"凡是欣赏过芍药的人,大概不会认为这是过谀之词吧。

芍药

戏题阶前芍药①

柳宗元②

凡卉与时谢③,妍华丽兹晨④。欹红醉浓露,窈窕留余春⑤。孤赏白日暮,喧风动摇频⑥。夜窗霭芳气⑦,幽卧知相亲⑧。愿致溱洧赠⑨,悠悠南国人⑩。

【注释】

①此诗录自《柳宗元集》卷四三。

②柳宗元(773—819),唐代文学家、哲学家。字子厚,河东解(今山西运城县解州镇)人。世称"柳河东"。贞元进士,授校书郎,调蓝田尉,升监察御史里行。与刘禹锡等参加王叔文集团,任礼部员外郎。失败后贬为永州司马,后迁柳州刺史,故世又称"柳柳州"。为"唐宋八大家"之一。著作有《河东先生集》。

③凡卉:平常的花卉。与时谢:随着季节的变化而凋谢。因芍药开于暮春,此时其他花已凋谢,故云。

④妍华:艳丽的花。丽:用作动词。句谓艳丽的芍药花使今天早晨变得美丽。

⑤窈窕(yǎotiǎo):形容美好的样子。留余春:谓盛开的芍药还保留了春天的气息。

⑥喧风:大风。因大风刮起来带有响声,故称。

⑦霭:引申谓凝聚、浓集。

⑧幽卧:安静地躺着。

⑨溱洧(zhēnwěi)赠:因《诗经·郑风·溱洧》里有"维士与女,伊其相谑,赠之以勺药"句,故以此代指青年男女间相赠礼物。

⑩悠悠:形容自得的样子。南国:泛指南方。柳宗元曾官柳州刺史,柳州位于南方,故云。

红芍药[①]

元 稹[②]

芍药绽红绡[③],巴篱织青琐[④]。繁丝蹙金蕊[⑤],高焰当炉火[⑥]。剪刻彤云片[⑦],开张赤霜裹[⑧]。烟轻琉璃叶[⑨],风亚珊瑚朵[⑩]。受露色低迷[⑪],向人娇婀娜[⑫]。酡颜醉后泣[⑬],小女妆成坐[⑭]。艳艳锦不如[⑮],夭夭桃未可[⑯]。晴霞畏欲散[⑰],晚日愁将堕[⑱]。结植本为谁?赏心期在我[⑲]。采之谅多思,幽赠何由果[⑳]。

【注释】

①此诗录自《元氏长庆集》卷六。
②元稹:见 25 页注②。
③红绡:红色丝织品,喻花瓣。
④巴篱:即篱笆。青琐:翠绿色并有花纹的门。
⑤蹙:引申谓聚集、凑集。金蕊:金黄色的花蕊。
⑥接上句,谓花蕊像炉中的火苗。
⑦彤云:红色的云,喻花瓣。
⑧开张:开放。谓花开时,花瓣就像覆盖着一层红霜。
⑨琉璃:一种矿物质的有色半透明体材料。喻叶片状。
⑩亚:通"压"。珊瑚:由珊瑚虫分泌的石灰质骨骼聚集而成的东西。多为红色,此喻花色。
⑪低迷:形容迷迷蒙蒙状。
⑫婀娜(ē nuó):形容轻盈柔美的样子。
⑬酡(tuó)颜:因喝了酒而发红的脸。喻花红。
⑭妆:妆扮。喻花美。
⑮艳艳:形容鲜艳美丽。句谓锦绣也不如芍药艳丽。
⑯夭夭:形容茂盛艳丽。句谓夭美的桃花也不能与芍药比美。
⑰此句谓绚丽的彩霞在花前也不敢停聚。

110

⑱此句谓如血的夕阳也自愧不如红芍药的花红而将西坠。
⑲赏心:心情欢畅。
⑳幽赠:指男女间的互赠礼物。参见 109 页注⑨。何由果:犹言有什么结果。谓其不能成为事实。

玉盘盂 并引(二首选一)①

苏 轼②

东武旧俗③,每岁四月,大会于南禅、资福两寺,以芍药供佛。而今岁最盛,凡七千余朵,皆重跗累萼,繁丽丰硕。中有白花,正圆如覆盂④,其下十余叶,稍大,承之如盘,姿格绝异⑤,独出于七千朵之上,云:得之于城北苏氏园中,周宰相莒公之别业也⑥,而其名甚俚⑦,乃为易之⑧。

杂花狼藉占春余⑨,芍药开时扫地无⑩。
两寺妆成宝璎珞⑪,一枝争看玉盘盂。
佳名会作新翻曲⑫,绝品难逢旧画图⑬。
从此定知年谷熟⑭,姑山亲见雪肌肤⑮。

【注释】
①此诗录自《苏轼诗集》卷一四。玉盘盂:白芍药的一种。单叶长瓣,花盘硕大,如倒扣之盂,故名。
②苏轼:见 6 页注②。
③东武:旧县名,即今山东诸城。
④覆盂:倒扣的钵盂。
⑤姿格:姿容风度。
⑥周宰相莒公:即后周苏禹珪,字元锡,累官至尚书左仆射,后封莒国公。别业:即别墅。
⑦俚:俗气不雅。

⑧易:更改,改动。
⑨狼藉:形容杂乱而多。春余:犹晚春。
⑩此句谓芍药开花时,其他花全都凋谢了。
⑪璎珞(yīngluò):古时用珠玉穿成的装饰品。《法华经》:"有七宝塔从地涌出,无数幢幡以为严饰,垂宝璎珞宝铃万亿而悬其上。"
⑫新翻曲:犹言新的篇章。
⑬绝品:唯一的珍品。句谓从来没有人画过这种花。
⑭年谷:泛指庄稼。
⑮见60页注⑤。此喻花美如姑射山的仙女。

玉 盘 盂①

杨万里②

旁招近侍自江都③,两岁何曾见国姝④。
看尽满栏红芍药,只消一朵玉盘盂⑤。
水精淡白非真色⑥,珠璧空明得似无⑦。
欲比此花无可比,且云冰骨雪肌肤⑧。

【注释】

①此诗录自《诚斋集》卷三六。
②杨万里:见37页注②。
③江都:郡名,治在今江苏省扬州市。隋炀帝曾大筑江都宫苑,定为行都,并搜集天下奇花名草至此。
④国姝:形容绝色女子,此代指玉盘盂。
⑤只消:犹只需要。
⑥水精:又名"水晶"。无色透明的石英晶体。句谓水精与花相比也黯然失色。
⑦珠璧:珍珠宝玉。句谓珍珠宝玉虽然明亮,但与此花一比,也像没有颜色了。
⑧句喻玉盘盂像姑射山仙女一样美。参见60页注⑤。

咏一捻红芍药①

孔尚任②

一枝芍药上精神,斜倚雕栏比太真③。
料得也能倾国笑④,有红点处是樱唇⑤。

【注释】

①此诗录自《孔尚任诗文集》卷四。
②孔尚任(1648—1718),清戏曲作家。字聘之、季重,号东塘、岸堂、云亭山人,山东曲阜人,孔子六十四代孙。官至户部主事、员外郎。写有传奇剧本《桃花扇》。后罢官回家。著作有《湖海集》《岸堂文集》《长留集》。
③雕栏:雕刻有花纹的栏杆。太真:即杨贵妃,名太真,为唐玄宗的宠妾,据说她非常美丽。
④倾国:见 56 页注⑥。
⑤樱唇:原喻美人的嘴小而红润如樱桃。张宪《太真明皇并笛图》诗有"露湿樱唇金缕长"句。此喻花瓣上的红晕。

水南花墅开并蒂芍药十二枝①

蒋铭书②

一茎偏宜两髻丫③,天工输巧弄芳葩④。
凭栏忆得香山句⑤,十二金钗看此花⑥。

【注释】

①此诗录自《江苏诗征》卷一一四。花墅:犹花房,专门种花的场所。
②蒋铭书,字二箴,号警堂,清代甘泉(今江苏江都)人,其余不详。
③髻丫:女孩头上梳的双髻,此喻并蒂花。
④天工:同"天公",旧谓造万物者。输巧:犹言运用巧技。葩:音 pā。

⑤凭栏:倚靠着栏杆。香山:唐诗人白居易,晚年自号香山居士。

⑥十二金钗:谓十二美人。白居易《夜宴醉后留献裴侍中》诗:"九烛台前十二姝,主人留醉任欢娱。"此喻十二枝并蒂芍药花。

海棠花是原产我国的名贵花卉之一。它花团锦簇,韵味横溢。每当阳春三月,便大显妖姿,令人陶醉。

海棠花属蔷薇科,我国栽培历史悠久,历来就深受人们的喜爱。它未开放时,花苞深红点点;初开放时,又呈淡红一片;将落时,却如隔宿粉妆,色淡而不失其韵。因此,我国历代文人骚客,挥毫咏海棠的可谓多矣。唐吴融称它"占春颜色最风流";宋陆游谓之"若使海棠根可移,扬州芍药应羞死"。由此可见此花之美了。

娟秀的海棠花美叶茂,植于庭前、道旁都能使得环境秀丽;如盆植置于案几之上,则使屋里情趣盎然。难怪陆游甚至写出"为爱名花抵死狂,只愁风日损红妆"的诗句,表现了作者爱此花简直到了如痴如狂的地步。

海棠

海 棠①

郑 谷②

春风用意匀颜色③,销得携觞与赋诗④。
艳丽最宜新着雨⑤,娇娆全在欲开时⑥。
莫愁粉黛临窗懒⑦,梁广丹青点笔迟⑧。
朝醉暮吟看不足⑨,羡他蝴蝶宿深枝。

【注释】

①此诗录自《文苑英华》卷三二二。
②郑谷,唐代诗人,字守愚,宜春(今属江西)人。僖宗时进士,官都官郎中,人称"郑都官"。又因《鹧鸪诗》得名,人称"郑鹧鸪"。曾与许棠、张乔等唱和往还,号"芳林十哲"。原有集,已佚,存《云台编》。
③用意:犹经心,多用心力。匀:匀施。
④销得:犹消受,享用。携觞:带着酒具,指饮酒。
⑤新着雨:刚刚淋过雨。
⑥娇娆:娇柔美丽。
⑦莫愁:古乐府中传说的美女。一说为石城(今湖北钟祥)人,南朝陈智匠《古今乐录》:"石城西有女子名莫愁,善歌谣。"一说为洛阳(今属河南)人,梁武帝《河中之水歌》:"河中之水向东流,洛阳女儿名莫愁。"粉黛:原为古时两种化妆颜料,此代指妆饰。
⑧梁广:唐代画家,擅画花鸟松石。丹青:原为绘画的两种颜料,此代指绘画。
⑨看不足:看不够。

海棠二首(选一)①

吴 融②

云绽霞铺锦水头③,占春颜色最风流。

若教更近天街种④,马上多逢醉五侯⑤。

【注释】

①此诗录自《全唐诗》卷六八六。
②吴融,唐代诗人。字子华,山阴(浙江绍兴)人。龙纪初及进士第,为翰林学士,拜中书舍人,卒官翰林学士承旨。著作有《唐英歌诗》。
③锦水:即锦江,赣江支流,在江西省西部。
④天街:旧称帝都的街市。
⑤五侯:原指汉代五个同时封侯的人,后泛指官宦权贵。此句谓那些达官显贵都去赏花饮酒。

海 棠①

苏 轼②

东风袅袅泛崇光③,香雾空濛月转廊④。
只恐夜深花睡去⑤,故烧高烛照红妆⑥。

【注释】

①此诗录自《苏轼诗集》卷二二。
②苏轼:见6页注②。
③袅袅:形容风细。崇光:犹言华美的光。
④空濛:迷茫的样子。
⑤此句以拟人手法写海棠并暗用典故。据《太真外传》载,唐明皇登沉香亭召太真,时宿酒未醒,明皇笑曰:"海棠春睡未足耶!"
⑥红妆:原指美人,此喻海棠花。

黄 海 棠①

洪 适②

汉宫娇半额③,雅淡称花仙④。
天与温柔态⑤,妆成取次妍⑥。

【注释】

①此诗录自《盘洲文集》卷九。
②洪适:见36页注②。
③娇:用作动词,以之为娇美。半额:据《后汉书》载,汉时画眉,宽至半额,后称此种画眉法为"半额"。因古时用黄色抹额,故以此喻黄海棠花。
④雅淡:素雅恬淡。
⑤与:赋予。
⑥取次:挨次。

海棠①

杨万里②

海棠雨后不胜佳,子细看来不是花③。
西子织成新样锦④,清晨濯出锦江霞⑤。

【注释】

①此诗录自《诚斋集》卷三八。
②杨万里:见37页注②。
③子细:同"仔细"。
④西子:春秋时美女西施。详见第4页注⑤。
⑤濯(zhuó):洗。传说西施曾浣纱于若耶溪。

黄田人家别墅缭山种海棠为赋二绝(选一)①

刘克庄②

海棠妙处有谁知③,今在胭脂乍染时。
试问玉环堪比否④?玉环犹自觉离披⑤。

【注释】

①此诗录自《后村先生大全集》卷七。缭山:即围绕着山。
②刘克庄:见63页注②。
③妙处:指最美妙的地方。
④玉环:即杨贵妃,名太真,小字玉环。
⑤离披:引申谓零乱不整。

腊月海棠①

尹廷高②

尤物真能夺化工③,腊前偷泄数枝红。

霜花不上胭脂面,强饰春妍嫁北风④。

【注释】

①此诗录自《元诗选》初集。
②尹廷高,字仲明,别号大峰,元代遂昌(今属浙江)人。遭乱转徙,宋亡二十年后始归故乡。尝掌教于永嘉,秩满至京谢病归。著作有《玉井樵唱正续稿》。
③尤物:特出、珍贵之物。化工:旧谓自然创造万物的功能。
④饰:妆扮。北风:冬天的风。

海棠下作①

袁 枚②

堆满万重云,西窗日渐曛③。

海棠香自有,只要静中闻。

【注释】

①此诗录自《小仓山房诗集》卷二九。
②袁枚:见8页注②。
③曛(xūn):昏暗。

咏白海棠①

曹雪芹②

半卷湘帘半掩门③,碾冰为土玉为盆。
偷来梨蕊三分白,借得梅花一缕魂。
月窟仙人缝缟袂④,秋闺怨女拭啼痕。
娇羞默默同谁诉?倦倚西风夜已昏。

【注释】

①此诗录自《红楼梦》第三七回。
②曹雪芹:见19页注②。
③湘帘:用湘妃竹做的门帘。
④月窟:月洞,代指月宫。缟袂:原为白色的袖口,此代指白色衣服。

秋海棠

秋海棠又名"八月春""断肠棠"。为秋海棠科多年生草本,原产我国。它有很多品种,常见的有四季秋海棠、竹节秋海棠、斑叶秋海棠、毛叶秋海棠及银星秋海棠等。

秋海棠本矮叶大,背多红丝如胭脂,花四出,渐次而开。清诗人厉鹗称颂"如此幽闲绝世稀"的秋海棠曰:"望来甘后风神似,愁到班姬笑语非。"多么娇媚动人啊!

传说古时候有一位情痴貌美的女子,满怀深情地等待着她的心上人,谁知那位无情郎却遗弃了她,远走他乡。可怜的女子伤心透了,忍不住潸然泪下。这辛酸的泪水落到地上,地上立刻开出一朵朵鲜花,娟秀的花就像这姑娘一样美。人们同情姑娘的遭遇,就把此花取名为"断肠花"。这,就是秋海棠。美丽动人的传说,给秋海棠加了一道瑰丽的光环,更博得了人们的喜爱。

和周雪客白秋海棠①

袁逢盛②

数枝摇曳玉阶新③,不与芳红嫁早春④。

自恃丰神比秋水⑤,却充白帝掖庭人⑥。

【注释】

①此诗录自《金陵诗征》卷二。
②袁逢盛,字磊庵,清代六合(今属江苏)人。顺治戊子(1648)贡生,任常州府教授。
③摇曳(yè):摆荡,摇动。
④芳红:泛指早春开放的花朵。
⑤恃:依仗,依靠。丰神:丰采神韵。秋水:喻清明的神色。杜甫《徐卿二子歌》:"秋水为神玉为骨。"
⑥白帝:中国古代神话中的五天帝之一。因其掌管西方,故亦称为"司秋之神"。掖庭人:泛指仙府中的美女。掖庭,古为皇宫中的旁舍,宫嫔所居之地。

秋 海 棠①

袁 枚②

小朵娇红窈窕姿③,独含秋气发花迟。

暗中自有清香在,不是幽人不得知④。

【注释】

①此诗录自《小仓山房诗集》卷三二。
②袁枚:见8页注②。
③娇红:鲜红。
④幽人:幽居之人,旧时常指隐士。

白秋海棠①

洪亮吉②

墙角离离殿众芳③,空濛影不上斜阳。
孤花忘到色香味,一洗俗名称断肠④。

【注释】
①此诗录自《卷施阁诗》卷一九。
②洪亮吉:见46页注②。
③离离:茂盛的样子。殿众芳:谓开在百花之后。
④断肠:秋海棠一名"断肠花"。

咏秋海棠①

章穗芬②

红粉妆成对夕曛③,半偎篱落半墙根④。
娟娟笑靥西风里,不见当年旧泪痕⑤。

【注释】
①此诗录自《皖雅初集》卷二五。
②章穗芬,字完白,清代铜陵(今属安徽)人,生平未详。
③夕曛:夕阳,落日。
④偎:紧贴。篱落:篱笆。
⑤传说此花是一个姑娘伤心落泪而生出的,故云。

秋 海 棠①

张以宁②

软渍红酥百媚生③,嫣然一笑欲倾城④。
不须更乞春阴护⑤,绿叶低遮倍有情。

【注释】
①此诗录自《江苏诗征》卷五六。
②张以宁,清代华亭(治今上海松江)人。其余不详。
③软渍红酥:柔媚红润的样子。
④嫣然:形容美好的笑容。倾城:见56见注⑥。
⑤宋陆游《海棠》诗中有"乞借春阴护海棠"句。

垂丝海棠,亦为花中名品之一。其树态非同寻常海棠,其枝皆下垂,如同条条玉带,随风摇曳,全树也像在婆娑起舞。而娇柔美丽的花,更像缀在玉带上的红宝石,熠熠闪光,在婀娜的舞姿中显得分外诱人。宋诗人梅尧臣称道:"燕脂色欲滴,紫蜡蒂何长。"

垂丝海棠原产我国,而且分布较广,其中以四川为盛。它属蔷薇科落叶灌木或小乔木。花梗细长,与萼同为紫色。花红色,下垂,常为八朵拥为一簇。

垂丝海棠不仅以树形美观、花红叶翠赢得人们的喜爱,其果实还可生食或作蜜饯。

垂丝海棠

海　棠①

梅尧臣②

要识吴同蜀③,须看线海棠④。燕脂色欲滴⑤,紫蜡蒂何长⑥。夜雨偏宜着,春风一任狂。当时杜子美⑦,吟遍独相忘⑧。

【注释】

①此诗录自《梅尧臣集编年校注》卷二五。
②梅尧臣:见4页注②。
③识:认识,了解。吴:古国名,见89页注④。蜀:古国名,今四川。
④线海棠:即垂丝海棠。因其枝垂如线,故称。
⑤燕脂:胭脂,喻花鲜红。
⑥紫蜡:喻花梗紫色而有光泽。
⑦杜子美:唐大诗人杜甫,字子美。
⑧此句谓杜甫在四川时,把那里的事物几乎吟咏尽了,却独独忘了咏颂垂丝海棠。

垂丝海棠①

洪　适②

脉脉似崔徽③,朝朝长看地。
谁能解倒悬,扶起云鬟坠④。

【注释】

①此诗录自《盘洲文集》卷九。
②洪适:见36页注②。
③脉脉:形容含情欲吐的样子。崔徽:唐歌妓,与裴敬中相恋。元稹曾为之写《崔徽歌》。

④云鬟:原形容女子发髻浓密如云。此喻下垂的花枝。

垂丝海棠①
范成大②

春工叶叶与丝丝③,怕日嫌风不自持④。

晓镜为谁妆未办,沁痕犹有泪胭脂⑤。

【注释】
①此诗录自《范石湖集》卷一七。
②范成大(1126—1193),南宋诗人。字致能,号石湖居士,吴郡(治今江苏苏州市)人。绍兴进士,历任处州知府、四川制置使、参知政事等职,晚年退居故乡石湖,故称"范石湖"。著作有《石湖居士诗集》《石湖词》《桂海虞衡志》及《吴船录》等。
③春工:以春拟人,指生物得春而茂盛。
④不自持:犹言不能把握自己。
⑤沁痕:此指泪水流过的痕迹。参见123页注⑤。

垂丝海棠①
杨万里②

无波可照底须窥③?与柳争娇也学垂。

破晓骤晴天有意④,生红新晒一绚丝⑤。

不关残醉未醒松⑥,不为春愁懒散中⑦。

自是新晴生睡思,起来无力对东风⑧。

【注释】
①此诗录自《诚斋集》卷八。
②杨万里:见37页注②。

③无波：没有水，谓垂丝海棠并不像垂柳生在水边。底须：哪须，何须。

④破晓：天刚亮。骤晴：突然晴了。

⑤绚（qú）：原为古时鞋头上的装饰，有孔，可系鞋带。此用为量词，犹"缕""束"。

⑥不关：犹言并非，不是。残醉：尚有醉意。醒松：清醒明白。

⑦懒散：怠惰散漫。

⑧此二句用拟人的手法写垂丝海棠并暗用典故。参见117页注⑤。

西府海棠又名"海红",为庭院、公园里常见的观赏花木,系蔷薇科小乔木。原产我国,现各地都有栽培。

西府海棠枝干直立,颇具挺峭之姿。五月间,花叶光彩相映,极为美观。《花镜》谓其花"初如胭脂点点然,及开,则渐成缬晕明霞,落则有若宿妆淡粉"。可见其艳矣。

西府海棠性喜向阳、肥沃、湿润,主要以嫁接法繁殖。它不仅花美,结出的果实也别有风味。鲜红的珍珠似的果实犹如长柄樱桃缀于枝头,为金秋更添秀色。

西府海棠

夏中崔中丞宅见海红摇落一花独开①

刘长卿②

何事一花残,闲庭百草阑③。绿滋经雨发,红艳隔林看。竟日余香在④,过时独秀难⑤。共怜芳意晚,秋露未须团⑥。

【注释】

①此诗录自《刘随州集》卷二。海红:西府海棠的别名。
②刘长卿(?—约789),唐代诗人。字文房,河间(今属河北)人。天宝进士,曾任长洲县尉,官终随州刺史。诗善五言,自称为"五言长城"。著作有《刘随州集》。
③百草:泛指各种花草。阑:凋零衰落。
④竟日:整日,整天。
⑤过时:过了时节。独秀:独自茂盛。
⑥团:聚集。

有这样一种花,它一树而开花多色,既有鲜艳之花,又有清雅之朵,给人们以不同的美的享受。锦带花就是这样的一种花。

锦带花又名"海仙花""鬓边娇",俗名"五色茉莉"。属忍冬科落叶直立灌木。它的枝条细长,繁硕的花朵就像宝石镶嵌于玉带之上,故称"锦带"。于春夏之际开花,花冠呈漏斗形,状若喇叭。清陈淏子《花镜》赞曰:"一树常开三色,有类海棠,植于屏篱之间,颇堪点缀。"但像万物皆有长短之处一样,美丽的锦带花也有它的不足。《花经》曰:"惜花虽艳而不香,美中不足也。"

锦带花

海仙花诗三首①

王禹偁②

海仙花者,世谓之锦带。维扬人传云:初得于海州山谷间③,其枝长而花密若锦带。然予视其花,未开如海棠,既开如木瓜④,而繁丽袅弱过之⑤。或一朵满头,冠不克荷⑥。惜其不香而无子,易绝第⑦。可钩压其条,移植他所。因以《释草》《释木》验之,皆无有也⑧。近之好事者作《花谱》,以海棠为花中神仙,予谓此花不在海棠下,宜以仙为号,目之锦带,俚孰甚焉,又取始得之地,命曰"海仙"⑨。且为赋诗三章,题诸僧壁⑩:

(一)

一堆绛雪压春丛⑪,袅袅长条弄晓风⑫。
借问开时何所似,似将绣被覆熏笼⑬。

(二)

春憎窈窕教无子,天为妖娆不与香⑭。
尽日含毫难比兴⑮,花中应似卫庄姜⑯。

(三)

何年移植在僧家⑰,一簇柔条缀彩霞。
锦带为名卑且俗,为君呼作海仙花。

【注释】

①此诗录自《小畜集》卷一一。

②王禹偁：见4页注②。

③维扬：旧扬州府的别称。《尚书·禹贡》："淮海维扬州。"后截取中间二字为名。海州：古州名，辖境大约相当于今江苏连云港市、东海、沭阳、赣榆、灌云、灌南及新沂、滨海等部分地区。

④木瓜：未详为何物。或为木瓜花。

⑤袅弱：细长柔弱。

⑥冠不克荷：谓花冠承受不了负荷而下垂。

⑦绝第：断绝后代。

⑧《释草》《释木》：均为《尔雅》中的篇名。

⑨命：命名。

⑩诸："之""于"二字的合音。僧壁：庙宇的墙壁。

⑪绛雪：深红色的雪，喻花红且繁。

⑫弄：摆弄，戏弄。

⑬熏笼：古时用以熏香的熏炉。因此花艳而不香，故云。

⑭与：给予，赋予。

⑮尽日：整天。毫：代指毛笔。比兴：文学写作的两种手法。比，是譬喻；兴，是寄托。

⑯卫庄姜：春秋卫庄公夫人，名庄姜。其人姣好，但有淫佚之心，后经其傅母教喻，感而自修。

⑰僧家：指庙宇。

海　仙①

洪　适②

人来认海棠③，却讶枝条弱。

嫩蕊不胜春④，生怕东风恶⑤。

【注释】

①此诗录自《盘洲文集》卷八。

②洪适：见36页注②。

③因锦带花很像海棠，故云。

④不胜：犹受不了。

⑤生怕：害怕，恐怕。东风恶：宋张元幹《兰陵王·春恨》："东风妒花恶，吹落梢头嫩萼。"

锦带花①

范成大②

妍红棠棣妆③,弱绿蔷薇枝④。小风一再来,飘飖随舞衣⑤。吴下妩芳槛⑥,峡中满荒陂⑦。佳人堕空谷⑧,皎皎白驹诗⑨。

【注释】

①此诗录自《范石湖集》卷一六。
②范成大:见 127 页注②。
③棠棣:木名,即郁李,因锦带花像郁李花,故喻。
④喻锦带花碧绿而柔弱的枝条很像蔷薇。
⑤飘飖:同"飘摇",飘舞摆动。
⑥妩:用作动词,使芳槛更妩媚。芳槛:专门栽花的地方。
⑦荒陂:即荒坡。作者自注曰:"东南甚珍此花,峡中漫生山谷。"
⑧此句喻美丽的花生在空旷的山谷里。
⑨《诗经·小雅·白驹》:"皎皎白驹,在彼空谷。"

红锦带花①

杨万里②

天女风梭织露机③,碧丝地上茜栾枝④。
何曾系住春皈脚⑤,只解萦长客恨眉。
节节生花花点点,茸茸晒日日迟迟⑥。
后园初夏无题目⑦,小树微芳也得诗。

【注释】

①此诗录自《诚斋集》卷三一。

②杨万里:见37页注②。
③句喻此花就像仙女以风梭露机织出的锦带。
④茜(qiàn):植物名,其根可作大红染料,故以此代指红色。栾枝:栾荆树枝条,因其枝细长柔弱,故喻锦带花枝条。
⑤皈:同"归"。
⑥茸茸:茂盛的样子。迟迟:迟缓的样子。
⑦题目:犹言作诗的素材。

凤仙花

在封建社会,那些所谓的"高雅之士"赏玩花卉,常以难于繁殖之花为高贵品种,却把极易成活的花视为低贱之物,凤仙花就是一例。《花镜》说它:"五月开花,子落地复生,又能作花。即冬月严寒,种之火坑亦生,乃贱品也。"甚至还有人称之为"菊婢"。

而在现实生活中,凤仙花却深得人们喜爱。原因有三:其一,花形美。《花镜》状此花曰:"花形宛如飞凤,头翅尾足俱全,故名金凤。"真可谓生动活泼可爱。其二,品种多。就花形来分,有单瓣、重瓣之别;就颜色来看,有红、白、紫之异。可谓各具一色,缤纷夺目。据说早在清初就有二百多个品种了。其三,用处多。其红花加点明矾捣烂,可染指甲,故又名"指甲花"。凤仙花除"金凤""指甲花"的别名外,又名"小桃红""海纳""早珍珠"等。其白花可浸酒,饮可调经。全草内服或外敷可治蛇咬伤。其种子有降气行瘀作用,据说在煮肉食时,如放上二三粒种子,肉极易烧烂。

凤仙花①

吴仁璧②

香红嫩绿正开时,冷蝶饥蜂两不知。

此际最宜何处看,朝阳初上碧梧枝③。

【注释】

①此诗录自《全唐诗》卷六九〇。
②吴仁璧,字廷宝,唐代苏州人。大顺中登进士第。家贫,常佯狂乞于市。后钱镠请他为秦国太夫人写墓志铭,他坚决不肯,被钱镠投至江中而死。
③碧梧枝:即梧桐树。传说凤凰专栖于梧桐枝。此以凤凰喻金凤花。

金凤花①

欧阳修②

忆绕朱栏手自栽,绿丛高下几番开。

中庭雨过无人迹③,狼籍深红点绿苔④。

【注释】

①此诗录自《欧阳文忠公文集》卷一一。
②欧阳修:见87页注②。
③中庭:庭院之中。
④狼籍:一作"狼藉",零乱的样子,形容雨后花状。

金凤花①

杨万里②

细看金凤小花丛,费尽司花染作工③。
雪色白边袍色紫,更饶深浅四般红④。

【注释】

①此诗录自《诚斋集》卷二五。
②杨万里:见 37 页注②。
③司花:神话传说中的管花之神。
④饶:多。四般红:红色一般分为大红、红、浅红、粉红四等。

金凤①

范梈②

金凤阶前只漫生③,移栽行列甚方平④。
新来两本当轩出⑤,各吐幽花照眼明⑥。
夏雨要将苏众槁⑦,朝阳端已瑞先鸣⑧。
勿云小草精神短,每论韶箫记尔名⑨。

【注释】

①此诗录自《范德机诗集》卷七。
②范梈(1272—1330),元文学家。字亨父,一字德机,清江(今湖北恩施)人。以荐举为翰林院编修官,后任福建闽海道知事等职。人称"文伯先生"。著作有《范德机诗集》《木工禁语》(《四库提要》谓后者为伪托)。
③漫生:散乱无序地生长。
④行列:谓移栽后的直行和横行。
⑤两本:两棵。当轩:正在门前。

⑥幽花:静美的花。
⑦苏:复苏。众槁:泛指受旱而枯的植物。
⑧端已:犹应已。瑞:瑞应,吉祥的征兆。传说凤鸣为吉祥之兆,此喻凤仙花。
⑨韶箫:亦称"箫韶"。《风俗通》:"《尚书》:舜作,'《箫韶》九成,凤凰来仪。'其形参差,像凤之翼。"承接上句,谓金凤花开,似乎已听到云天里有韶箫之鸣了。

凤　仙①

吕兆麒②

小卉名金凤,簪来云鬓秋③。滋荣极蕃衍④,情韵入温柔⑤。染指色愈艳⑥,弹琴花自流⑦。不须呼菊婢⑧,羽客尽多愁⑨。

【注释】

①此诗录自《皖雅初集》卷三一。
②吕兆麒:见92页注②。
③簪:谓插戴在头上。
④滋荣:生长开花。蕃衍:茂盛的样子。
⑤情韵:神情风韵。
⑥染指:红色凤仙花加明矾捣烂可染指甲。
⑦句谓弹琴时,染红的指甲翻舞,就像落花一般。元杨维桢《凤仙花》诗中亦有"弹筝乱落桃花瓣"句。
⑧菊婢:凤仙花的别名。
⑨羽客:旧时道士多求成仙飞升,故称为"羽客"。

素馨花

　　素馨,可谓名实相符。素者,白也。一个"素"字,点明了此花洁白如雪,堪称雅秀。馨者,香也。一个"馨"字,标志着此花清香宜人,沁人肺腑。看到这优雅的名字,就仿佛眼前开放出朵朵洁白的花;隐约鼻间飘拂着阵阵诱人的清香。难怪《花镜》誉其"花似郁李而香艳过之,秋花之最美者"。

　　素馨,一名"那悉茗花",俗称"玉芙蓉"。系木犀科常绿之直立亚灌木。我国云南、广东等省都有栽培。传说广州城西曾葬了一位美女,自那以后,广州的素馨花就香甚他处了。

　　素馨花不仅可栽培供观赏,还是提炼芳香油的好原料。

素 馨①

洪 适②

繁盛闽南粤③,潜藏霜雪天④。
素云生宝髻⑤,剩馥借龙涎⑥。

【注释】

①此诗录自《盘洲文集》卷八。
②洪适:见36页注②。
③闽南:福建省南部。粤:今广东省。
④此花性畏寒,霜降后即须护其根,故云。
⑤素云:白云,喻白花。宝髻:妇女黟黑的发髻,喻绿叶。
⑥龙涎:见62页注⑤。此句谓龙涎有奇香,也是得到了素馨的余香。极言花之香。

素 馨①

方 岳②

雪骨冰肌合耐寒③,怕寒却不离家山。
老夫怀土与渠等④,一钁移来得许顽⑤。

【注释】

①此诗录自《宋诗钞·秋崖小稿钞》。
②方岳,字巨山,号秋崖,宋代祁门(今属安徽)人。绍定进士,淳祐中为赵葵参议官,移知南康郡。后知袁州,因忤丁大全罢归。著作有《杏林肘后方》《伤寒书》等。
③雪骨冰肌:比喻花之白。合:应该。
④老夫:作者自称。怀土:怀恋故乡。与渠等:和你们一样。
⑤钁(jué):大锄。顽:通"玩",玩赏。

素 馨 花①

杨 慎②

金碧佳人随马妆③,鹧鸪林里斗芬芳④。

穿花贯缕盘香雪,曾把风流老陆郎⑤。

【注释】

①此诗录自《渊鉴类函》卷四〇六。

②杨慎(1488—1559),明代文学家。字用修,号升庵,四川新都人。正德间试进士第一,授翰林修撰。世宗时,谪戍云南。著作有后人所辑《升庵全集》、散曲《陶情乐府》等。

③据《风俗编》引《原化传拾遗》载,古时蜀中有蚕女,父为邻人劫走,只留乘马。其母誓言,有将父找回者,即以女相配,马闻言迅即跑去,旋载其父归。自此,马嘶鸣而不肯饮食。其父知故,怒而杀之,晒皮于庭中,蚕女由此经过,被马皮卷上桑树,化而为蚕,遂奉为蚕神。此句暗喻花白。

④鹧鸪林:泛指名香。鹧鸪,鹧鸪斑的简称,鹧鸪斑为名香,宋叶廷珪《名香谱》有载。

⑤陆郎:疑谓宋诗人陆游。

素 馨 花①

林 鸿②

素馨花发暗香飘,一朵斜簪近翠翘③。

宝马未归新月上④,绿杨影里倚红桥⑤。

【注释】

①此诗录自《渊鉴类函》卷四〇六。

②林鸿,字子羽,明代福清(今属福建)人。以人荐至京师,官至精膳司员外郎,后自免归。以诗著名,为"闽中十子"之首,著作有《鸣盛集》。

③斜簪:斜插。翠翘:古时女子的一种首饰,形状像翠鸟尾上的长羽。
④句谓在月光照映下此花甚白。用典见142页注③。
⑤红桥:红色栏杆的桥。

吊兰又名"挂兰""钓兰"。系百合科多年生常绿草本。它原产非洲南部。性喜温暖湿润,繁殖特别容易。自春至秋,随时都可以剪下枝条上的新植物体,埋下即活。随着家庭养花呈现向空间发展的趋势,吊兰越来越受到人们重视。

如果你在阳台上、屋檐下、窗台前挂上两盆吊兰,那一定会为你的处所增添许多雅趣。那盆景似的花卉,长着油亮碧绿的狭长叶子,叶丛中抽出细长柔韧下垂的枝条。在那枝条的顶端或节上,又萌发出嫩芽和气生根。绵绵延延,悠悠荡荡,既像绿色的灯笼在阳光映照下熠熠闪光,又像是一群天真活泼的孩子在爬绳嬉戏。工作之余,望上一眼,往往会令你哑然失笑,一身的疲劳也会不翼而飞。

吊 兰

挂 兰①

谢宗可②

江浦烟丛困草莱③,灵根从此谢栽培④。
移将楚畹千年恨⑤,付与东君一缕开⑥。
湘女久无尘土梦⑦,灵均旧是栋梁材⑧。
午窗试读《离骚》罢⑨,却怪幽香天上来⑩。

【注释】

①此诗录自《分类详注咏物诗选》卷七。
②谢宗可,元代人。其余未详。
③江浦:泛指江滨,水边。烟丛:喻茂密如云的花丛。草莱:泛指荒草。
④灵根:灵异的花木。此指吊兰。谢:谢绝。
⑤畹(wǎn):原为古代土地面积单位,此代指土地。屈原《离骚》中有:"余既滋兰之九畹兮"句。
⑥东君:传说中的司春之神。一缕:因枝条绵延下垂,故谓"一缕"。
⑦湘女:即湘妃,见59页注⑦。
⑧灵均:见42页注⑦。
⑨《离骚》:见42页注⑥。
⑩怪:奇怪。因吊兰挂在空中,故云。

雁来红

雁来红又名"三色苋",为苋科一年生草花。原产东亚和美洲热带,我国至迟在宋以前已有栽培。

雁来红秋季叶色鲜艳,植于庭院、公园,为天高气爽的秋天更增添引人之色彩。现在,许多公园都栽植此花,以壮秋色,供人们赏玩。

"叶从秋后变,色向晚来红。"古人所赞赏的是雁来红这种老而不衰的品质。所以此花又名"老来少""老少年"。这种花顶叶鲜红,艳丽可爱。《花镜》赞其"愈久愈妍如花,秋色之最佳者"。其花密集成簇呈球形。花叶互为陪衬,相映成趣,甚为可观。

雁来红①

杨万里②

开了元无雁③,看来不是花。若为黄更紫,乃借叶为葩④。藜苋真何择⑤,鸡冠却较差⑥。未应犀菊辈⑦,赤脚也容他⑧。

【注释】

①此诗录自《诚斋集》卷三三。
②杨万里:见37页注②。
③元:通"原",原本,原来。
④秋后雁来红的叶子鲜红似花,故云。葩:音pā。
⑤藜:植物名,其花小型积聚成簇,似雁来红的花。苋:植物名。其叶有青、红两种,其红叶苋叶子鲜红,很像雁来红的叶子。
⑥鸡冠:即鸡冠花。
⑦犀:一本作"樨"。即木犀,一名桂花。
⑧赤脚:原谓婢女。《事物异名录·伦属·奴婢》:"杨诚斋退休南溪之上,老屋一区,仅庇风雨,长须赤脚才三四人。按:长须,谓奴;赤脚,谓婢。"此引申谓贱品之物。句谓雁来红虽然不如桂花、菊花那样高雅,但也不算是一种低劣品种。

醉咏燕来红①

吴嘉纪②

悄然独立听啼鸿③,枝影斜欹庭户中。
尔倚寒风吾倚酒④,老来颜色一般红⑤。

【注释】

①此诗录自《吴嘉纪诗笺校》卷一四。燕来红:应为雁来红。
②吴嘉纪:见98页注②。
③独立:独自站立。啼鸿:鸣叫的大雁。
④倚:引申谓依靠。
⑤秋后雁来红叶子变红,人酒后脸色也变红,故云。一般:一样。

雁 来 红①

汪 祚②

雁影空阶八月天③,一枝红紫赛春前④。
朱颜老去犹如此⑤,惨绿当时是少年⑥。

【注释】

①此诗录自《江苏诗征》卷七三。
②汪祚,字惇士,号菊田,清代江都(今属江苏)人。康熙庚子(1720)副榜,乾隆丙辰(1736)荐举博学鸿词科。著作有《菊田集》。
③空阶:空闲的台阶。因时为中秋,百花凋零,阶前无花,故谓"空阶"。
④红紫:指花紫叶红的雁来红。赛:犹超过。
⑤朱颜:代指青春。
⑥惨绿:深绿。古指服色,后来亦泛称风度翩翩的少年为"惨绿少年",典出张固《幽闲鼓吹》。这里代指雁来红的绿叶。

　　花卉草木也和人一样,经过一冬严寒的压抑,都急切地盼望春天早日到来。探春花就是百花派来探听春讯的先锋。它在春天到来之前,就做好了开花的准备,一旦探到春天的气息,便立刻怒放花朵,向世界宣告:春天马上就要喜临人间了。

　　古人爱作探春之游,据《开元天宝遗事》载:"都人士女,每至正月半后,各乘车跨马,供帐于园圃或郊野中,为探春之宴。"由此可见人们盼春心切。

　　探春花和迎春花很相似,所不同的只是探春花的叶子为互生,而迎春花的叶子却为十字对生。探春花为常绿树木,南方多栽植,北方不耐寒,多以盆栽供观赏。

探春花

咏探春花用高冲霄韵①

耶律楚材②

风拂新芳映短墙③,典刑依约类丁香④。

梅花欲谢渠先坼⑤,消得东君为汝忙。

【注释】

①此诗录自《湛然居士文集》卷七。

②耶律楚材(1190—1244),契丹族,辽皇族子孙,字晋卿。他在蒙古成吉思汗、窝阔台两大汗时期任事近三十年,官至中书令。元代立国规模多由他奠定。著作有《湛然居士文集》。

③映:遮盖。

④典刑:同"典型",此指花形。依约:仿佛。类:相像,相似。丁香:花名。

⑤坼(chè):原意为裂开,此引申指开放。

告别严冬,迎来和春,万木复苏,千草茸茸。就在这大好之际,迎春花绽开金色的花朵,给大自然带来了勃勃生机,给人们带来希望。

迎春花拱曲的枝条上缀满金黄色的花朵,宛如条条金色腰带,因此人们又称之为"金腰带"。它原产我国,分布于北部及中部各省。系木犀科落叶灌木。待花开放时,移栽于庭院、花台或盆中,柔枝散垂,花缀其上,颇具韵味。

栽培的迎春花一般不结子,靠分株、压条或扦插等法繁殖。由于它的花开于花坛冷淡之际,所以格外受到人们的喜爱。祖国各地园林或庭院多有栽培。

迎春花

玩迎春花赠杨郎中①

白居易②

金英翠萼春带寒③,黄色花中有几般④。
凭君与向游人道⑤,莫作蔓菁花眼看⑥。

【注释】

①此诗录自《白居易集》卷二五。
②白居易:见24页注②。
③金英:金黄色的花。
④此句谓黄色的花中又有几种能和它一样。
⑤凭:依靠。君:称杨郎中。
⑥蔓菁(jīng):植物名,又名"芜菁",十字花科,花亦为黄色,故云。

嘲迎春花①

赵执信②

黄金偷色未分明③,梅傲清香菊让荣④。
依旧春寒苦憔悴⑤,向风却是最先迎⑥。

【注释】

①此诗录自《饴山诗集》卷一七。
②赵执信(1662—1744),清代诗人。字伸符,号秋谷,又号饴山,益都(今属山东)人。康熙进士,官右赞善。因在"国丧"期间观演《长生殿》被革职。著作有《饴山堂集》《声调谱》等。
③此句谓花的颜色和黄金的颜色分不出有什么区别。
④此句谓梅花比迎春花香馨,菊花比迎春花繁盛。
⑤承上句,谓梅菊虽胜于迎春花,但在春寒料峭之中,梅花已谢,菊花未发,都还是一派憔悴的样子。
⑥此句谓冒着风寒最先迎接春天的还是迎春花。

报春花

报春花和迎春花虽只有一字之差,可它们并非一个家族。迎春花属木犀科落叶灌木,报春花却为报春花科一年生草本。它们就像是由不同家族派来迎接春天的代表。

报春花叶子呈长卵形,边缘有不整齐的缺裂,缺裂中有细齿。花形像一个个高脚碟顶放在绿色的桌案之上。红色或淡紫色的花配着绿色的叶,显得分外美丽。它原产我国西南地区,它因其秀美赢得人们的垂爱,近年来几乎各地都有栽培。

报春花是春的青鸟信使,报春花更是春的宣言书。当你看到雅秀的报春花在和风中绽放笑脸的时候,你仿佛已经听到报春花在微笑着对你说:"春天来了!春天来了!"

嘲报春花①

杨万里②

嫩黄老碧已多时,骏紫痴红略万枝③。

始有报春三两朵,春深犹自不曾知。

【注释】

①此诗录自《诚斋集》卷二五。

②杨万里:见 37 页注②。

③二句列出嫩黄、老碧、骏紫、痴红等多种颜色,代指百花已经盛开。

长春花

长春花，原产非洲东部，早在宋代以前就已传入我国。《花镜》载其一名"金盏草"，江浙一带颇多。也有的书谓长春花就是雁来红，其实不然。二者非但不为同一物，而且不属同一科属。雁来红属苋科，而长春花却为夹竹桃科。这一点，早在清代就已是划然分明了。长春花的颜色也较雁来红多，有金黄、淡红、白等。美中不足的是其花艳而不香。

长春，就是能够长时间地保有春天的风貌。这正是长春花的最大特点，它从炎热的夏天能一直开到凉爽的秋天。

据研究，长春花的全草入药有抗癌作用。随着医学的进一步发展，如能使它的抗癌功能得到更大发挥，那么，人类也可以长春了。

长　春①

洪　适②

四季花常发，朝朝得细看③。
绛英能受暑，绿刺更禁寒④。

【注释】

①此诗录自《盘洲文集》卷八。
②洪适：见 36 页注②。
③朝朝(zhāo)：天天，每天。得：要。
④禁寒：耐寒。

长　春①

刘克庄②

开落元无准③，秾华浪得名④。
今朝俄绿暗⑤，昨日尚朱荣⑥。

【注释】

①此诗录自《后村先生大全集》卷三六。
②刘克庄：见 63 页注②。
③元无准：原本就没有一定的时间。
④秾华：浓艳的花。浪：随便。
⑤俄：才，刚才。
⑥尚：尚且，还是。朱荣：红色的花。

蝴蝶花

蝴蝶花又名"蛱蝶花""乌鸢"。原产欧洲，早在宋代以前，我国就已有栽培。它以那独特的花形，博得了人们的赞誉，更难得的是深受孩子们的喜爱。蝴蝶花不仅俨如翩飞于花草中的蝴蝶，而且容貌滑稽，颇似孩子们的玩具——"鬼脸"。因此，孩子们常亲昵地称之为"鬼脸花"。

蝴蝶花属鸢尾科多年生常绿植物，植株低矮，但花的颜色奇妙，小小的一朵花上就有红、紫、黄、白等多种颜色，真像画家手中的调色盘，可谓五彩斑斓。也有纯白色的，人们叫它"玉蝴蝶花"。把它们栽在庭院或公园里，不仅可以美化环境，而且能引起孩子们对花的浓厚兴趣，受到美的陶冶。

玉胡蝶花①

李　觏②

胡蝶生来只爱花,春工描样作奇葩③。
庄周有梦何曾觉④? 冰雪肌肤落几家⑤?

【注释】

①此诗录自《李觏集》卷三六。
②李觏(1009—1059),北宋思想家。字泰伯,建昌军南城(今属江西)人。因南城在盱江边,故又称其"盱江先生"。曾任太学助教,后升直讲。著作有《直讲李先生文集》。
③春工:代指司春之神。描样:按照蝴蝶的样子画。葩:音 pā。
④庄周:亦称"庄子",战国时哲学家。《庄子·齐物论》:"昔者,庄周梦为胡蝶,栩栩然胡蝶也。"觉:睡醒。
⑤冰雪肌肤:形容花的颜色是雪白的。全句谓白蝴蝶花很少见。

咏蛱蝶花①

唐顺之②

蜀地罗裁就③,漆园梦始通④。何言金翅色,翻在碧林中⑤。未辨逍遥影⑥,争矜点缀工⑦。采香蜂趁侣⑧,啄蕊鸟衔虫⑨。易湿缘多粉⑩,难飞讵少风⑪? 美人笑来扑,误使损芳丛⑫。

【注释】

①此诗录自《荆川先生文集》卷一。
②唐顺之(1507—1560),明代散文家。字应德,武进(今属江苏)人。嘉靖八年(1529)会试第一。曾督领兵船抵御倭寇,以功升右金都御史、代凤阳

巡抚。人称"荆川先生"。与王慎中、茅坤、归有光等同被称为"唐宋派"。著作有《荆川先生文集》。

③作者自注曰:"蜀有蛱蝶罗。"句谓此花就像是四川著名的有蝴蝶图案的锦罗裁剪而成。

④漆园:原为古地名。因庄子曾为蒙漆园吏,故以之代指庄子。参见158页注④。

⑤翻:通"反",反而。

⑥此句谓那逍遥的影子与蝴蝶并没有区别。

⑦争矜(jīn):争相夸耀。

⑧此句谓蜂儿要和蝴蝶花一道去采集花香。

⑨此句谓小鸟要吃蝴蝶以致啄了蝴蝶花蕊。二句皆喻蝴蝶花极像蝴蝶。

⑩此句谓花易被露水浸湿,因为像蝴蝶一样,身上的粉太多。

⑪此句谓此花飞不起来难道是没有风吗?

⑫芳丛:代指蝴蝶花。二句谓美丽的女子欢笑着把蝴蝶花当作蝴蝶来扑捉,因而损伤了花丛。

蝴 蝶 花①

钟文贞②

不向花开晒粉衣③,偏从花里斗芳菲④。
谁云祝女裙边幻⑤,岂入庄生梦里飞⑥。
曲径烟浓春欲晚,南园风暖绿初肥。
香心素艳浑无那⑦,好借滕王妙笔挥⑧。

【注释】

①此诗录自《皖雅初集》卷三一。

②钟文贞,女,字睿姑,清代舒城(今属安徽)人,善琴工画。

③粉衣:喻花瓣像蝴蝶白色的翅膀。

④斗芳菲:争芳斗艳。

⑤祝女:即晋女祝英台。相传她女扮男装与梁山伯同学三年,生爱慕之心,后被逼嫁马氏。梁山伯知情后,郁郁而死。祝过梁墓时,大恸,时墓忽开,祝身随入,同化为蝴蝶。

⑥庄生：即庄子。详见158页注④。

⑦无那：犹无奈，谓无法描写，启出下句。

⑧滕王：唐代李元婴的封号。《宣和画谱》："滕王元婴，唐宗室也，善丹青，喜作蜂蝶。"

含笑花

含笑花是较为名贵的盆栽花卉。系木兰科常绿灌木,花期长,一般为一至五月或十至十二月。此花叶片翠绿,花朵芳香,清雅宜人。尤其是花状,甚惹人爱,那花冠不张开而又下垂的娇姿,犹如一位害羞的美女在脉脉微笑,那羞涩的神情,从花上充分地展现出来。曾有人写诗曰:"花开不张口,含羞又低头。拟似玉人笑,深情暗自流。"可谓栩栩如生。

含笑花原产广东、福建两省。性喜温暖湿润,不耐霜寒。主要以压条法繁殖。因其花开时具有香蕉之香,所以又有人称之为"香蕉花"。

含笑花不仅花姿妩媚,其花蕾还是治疗妇科病的好药。

含 笑[①]

洪 适[②]

自有嫣然态[③],风前欲笑人。

涓涓朝泣露[④],盎盎夜生春[⑤]。

【注释】

①此诗录自《盘洲文集》卷八。
②洪适:见36页注②。
③嫣然:形容美好的笑的样子。
④涓涓:形容细水慢流的样子。泣:引申谓滴淌。
⑤盎盎:形容气氛洋溢的样子。

白 含 笑[①]

杨万里[②]

薰风晓破碧莲菡[③],花意犹低白玉颜[④]。

一粲不曾容易发[⑤],清香何自遍人间。

【注释】

①此诗录自《诚斋集》卷一。
②杨万里:见37页注②。
③薰风:和煦的风。莲菡(hàn):像莲子状的花苞。
④白玉颜:白玉般的面孔。喻花容。
⑤粲(càn):粲然,形容露齿而笑的样子。容易:轻易。

含笑花①

施宜生②

百步清香透玉肌③,满堂皓齿转明眉④。
搴帷跛客相迎处⑤,射雉春风得意时⑥。

【注释】

①此诗录自《金诗纪事》卷四。
②施宜生,字明望,自号三住老人,金浦城(今属福建)人。宣和末为颍州教官,仕齐仕金,官至翰林学士。有集行于世,今已佚。
③百步:虚指数,形容很远的距离。玉肌:喻白色的花。
④皓齿、明眉:露出白色的牙齿,转动明亮的眼睛,以人笑的样子拟写花的样子。
⑤搴(qiān)帷:拉开窗帘。跛客:跛足的人。据《史记·平原君列传》载:"平原君家楼临民家,民家有躄(跛足)者,盘散行汲。平原君美人居楼上,临见,大笑之。"
⑥射雉(zhì):以弓箭射猎野鸡。《左传·昭公二十八年》:"昔贾大夫恶,娶妻而美,三年不言不笑。御以如皋,射雉,获之,其妻始笑而言。"

丁香花又名"百结花",原产我国,为木犀科落叶灌木或小乔木。叶似茉莉,花原为紫色,后经培育,又有白色的品种问世。花形有宽瓣、卷瓣等。丁香花以它特有的馨香以及多姿多态的种类而深得人们的喜爱。

此花虽然姿容娟秀,却毫不娇弱,颇能耐旱,据说即使一月不雨,它也照样能生存。它虽然要求肥沃,可在瘦瘠的土地上,也能够活着。如此顽强的生命力,更博得了人们的赞誉。

丁香花可用播种、扦插、压条或分株等多种方法繁殖。春季里,花叶相映,蓓开枝顶,吐馨喷芳,分外宜人。清诗人刘大櫆曾写诗赞道:"君不见此花含吐如瓶瓴,欲开不开殊有情。一夜东风起蘋末,纷纷霰雪铺檐楹。"

丁香花

丁　香①

杜　甫②

丁香体柔弱，乱结枝犹垫③。细叶带浮毛，疏花披素艳④。深栽小斋后⑤，庶使幽人占⑥。晚堕兰麝中，休怀粉身念⑦。

【注释】

①此诗录自《杜诗详注》卷一〇。
②杜甫：见13页注②。
③犹：犹如，好像。句谓丁香花柔枝互结，宛如一层垫子。
④素艳：白色的光泽。
⑤小斋：小屋。
⑥庶：希望。幽人：幽居之人，古常指隐逸之士。
⑦兰麝：兰花和麝香，均有浓香。《晋书·石崇传》："尽出其婢妾数十人以示之，皆蕴兰麝，被罗縠。"后以此代指美女。卢世㴶注杜诗曰："若使堕入兰麝，将粉身而不保矣。声名隳于晚节，大概如此。"

百　结①

朱思本②

百结逢春日，数花迎晓风③。
道人无个事④，笑尔独忡忡⑤。

【注释】

①此诗录自《贞一斋诗稿》。
②朱思本（1273—1333），元代地理学家，道教徒。字本初，号贞一，临川（今属江西）人。曾学道于龙虎山中，后居大都（今北京市）。周游南北，实地考察，积十年之力，绘成《舆地图》二卷。著作有《贞一斋诗文稿》。

③数花:许多花。
④道人:道士。个事:这事,此代指尘俗之事。谓道士断绝尘念,心府清净。
⑤尔:你,指丁香花。忡(chōng)忡:形容忧虑重重的样子。

咏紫丁香花①

孔尚任②

好雨浓于酒,万卉争春急。烂熳桃李时,微花绽原隰③。折取供瓷瓶,晚露尚浓浥④。蓓蕾木樨同⑤,颜色染椹汁⑥。小苞垂累累⑦,俨似丁香粒⑧。方家采草木⑨,此英或可吸⑩。况含谷兰香,馥微侵书笈。勿令春枝枯,清泉加意汲。朵朵开渐繁,闻香向风立⑪。

【注释】

①此诗录自《孔尚任诗文集》卷二。
②孔尚任:见113页注②。
③微花:小花,指丁香花。原隰(xí):原,指平地;隰,指低湿之处。
④浓浥(yì):形容露水多。
⑤木樨同:像木樨(桂花)一样。
⑥椹(shèn)汁:成熟的桑果的汁液,紫色。
⑦累累:形容繁多。
⑧俨似:非常相像。丁香:木名,一名丁子香,系桃金娘科常绿乔木。其果实呈长倒卵形至长椭圆形。与丁香花非一物。
⑨方家:古称医家、医生。此指采药的人。
⑩吸:原为吸收,此引申谓摘取。因桃金娘科的丁香可以入药,此处误称。
⑪向风:迎着风。

咏白丁香花①

陈至言②

几树瑶花小院东③,分明素女傍帘栊④。

冷垂串串玲珑雪⑤,香送丝丝丽飕风⑥。

稳称轻奁匀粉后,细添薄鬓洗妆中。

最怜千结朝来坼⑦,十二阑干玉一丛⑧。

【注释】

①此诗录自《清诗别裁集》卷二〇。

②陈至言,字青匡,清代萧山(今属浙江)人。康熙癸未(1703)进士,官翰林院。著作有《青菀堂集》。

③瑶花:白色的仙花。指白丁香花。

④素女:见24页注⑦。帘栊:泛指门窗。

⑤玲珑:形容明澈的样子。

⑥丽飕(lùsù):形容香浓而使风都变得浓郁。

⑦坼:见150页注⑤。

⑧十二阑干:山名。《藏行纪程》:"行三十里过螺蛳湾,十二阑干……路止尺许。"具体地点未详。

金灯花一名"忽地笑",系石蒜科多年生草本植物。春天,此花丛生数叶,黄绿色的叶子润光发亮。到了夏秋间,叶子枯萎,可是却从鳞茎中又出一茎,在独立挺直的茎顶上,着花一簇,大约四五朵,宛如一盘美丽的大吊灯。那娟秀的花多呈红色,远远望去,仿佛灯火闪烁。"金灯"之名也就由此而得。

据《花镜》载,花色除红色外,也有"粉红、紫碧、五色者",可谓五彩缤纷。

不知何故,金灯花近年来很少见载。但翻阅古籍,却会发现不乏咏颂它的诗作。唐女诗人薛涛于欣赏之余,曾吟诗赞美说:"细视欲将何物比,晓霞初叠赤城宫。"清朝陈淏子《花镜》对此花也有较详细的记载。

金灯花

金 灯 花①

卢 溵②

疏茎秋擢翠③,幽艳夕添红。有月长灯在④,无烟烬火同⑤。香浓初受露,势庳不知风⑥。应笑金台上⑦,先随晓漏终⑧。

【注释】

①此诗录自《分门纂类唐歌诗残本》卷五。
②卢溵,唐范阳(治今河北涿县)人,大约为唐顺宗永贞前后人,曾为登封尉。《全唐诗》载其诗十三首。
③擢翠:抽生出翠绿的枝叶。
④句谓在月光照耀下,犹如一盏长明灯。
⑤烬火:大火后的余火。喻花红如烬火。
⑥势庳(bēi):地势低下。
⑦金台:泛指台案。
⑧晓漏:标明已到天明时的漏。漏,为古时一种计时具。

金 灯 花①

薛 涛②

阑边不见襄襄叶③,砌下惟翻艳艳丛④。
细视欲将何物比,晓霞初叠赤城宫⑤。

【注释】

①此诗录自《薛涛诗笺》。
②薛涛(? — 832),唐代女诗人。字洪度,长安(今陕西西安)人。幼时随父入蜀,后为乐妓,能诗,时称"女校书"。著作有明人所辑《薛涛诗》。
③阑:栏杆。襄(ráng)襄:茂盛的样子。

④艳艳:形容鲜艳美丽。
⑤赤城宫:唐、宋、元各代京都所治之县古均称"赤县",故亦以此代指皇家宫殿。

野处送金灯花①

洪　适②

　　银灯未茁有金灯③,翠叶森森比剑棱④。
　　待得花光无断续,却须拈出问邻僧。

【注释】
①此诗录自《盘洲文集》卷六。
②洪适:见36页注②。
③银灯:金灯花一种,因花为白色,故名。
④森森:形容花叶多而直立。剑棱:刀剑的锋棱。此喻直立的叶片。

如果说,牵牛花像一支支喇叭,那么,鼓子花则像一面面战鼓。如果把牵牛花与鼓子花栽在一起,就仿佛可以听到鼓角齐鸣,演奏出雄壮的交响乐,激励着人们奋发前进。

你也许会觉得,"鼓子花"这名字太平常了。可是,你可知道,它还有许多美丽高雅的大号呢。它花形娟秀,有人称之为"美草";它枝条柔蔓,又有人称它为"缠枝牡丹";它旋攀篱落,因而也有人叫它"旋花"……

鼓子花系旋花科多年生蔓草,花色粉红,如果让它沿着篱笆攀援,那朵朵鲜花,会给你的小院增添盎然情趣。古人曾为它写了一副妙联:"风吹不响铃儿草,雨打无声鼓子花。"

鼓子花

鼓　子①

洪　适②

抽蔓类牵牛③，含芳伍萱草④。
上上不知休⑤，高柯厌缠绕。

【注释】

①此诗录自《盘洲文集》卷八。
②洪适：见36页注②。
③类：相似。牵牛：即牵牛花。
④含芳：谓开花。伍：用作动词，意为以萱草为伍。萱草：植物名。
⑤上上：犹言一直向上。

鼓　子　花①

谢　翱②

尘湿西风泪③，沟西影见君④。碧衣羞远日，天梦冷秋云。蔓引山精径⑤，篱依楚女坟⑥。海边逢卖药，采实故应分⑦。

【注释】

①此诗录自《宋诗钞·晞髪集钞》。
②谢翱，字皋羽，宋代福安（今属福建）人，后迁居浦城（今属福建）。因慕屈原，托远游，乃自号"晞髪子"。著作有《晞髪集》。
③西风泪：谓秋雨。
④影见君：即见君影，看到了鼓子花。
⑤山精径：代指偏僻的山路。山精：药名，大而老壮的何首乌。《本草纲目·何首乌》："三百年如三斗栲栳大，号山精。"
⑥依：紧靠着。
⑦二句谓那采药的人应该把采到的果实分给你（鼓子花）一半。

剪秋罗花

剪秋罗花又名"剪秋纱""汉宫秋"。系石竹科多年生草本。在夏秋之季,夏花已谢,秋花未发,花坛上有青黄不接之危险,而剪秋罗花正在这个时候绽开了它甜美的笑容,为花坛的连续美贡献了力量。其花容艳丽如锦,可是那片片如锦如绣的花瓣边上,却裂出数条痕印,就像灿美如画的锦缎被剪开,因而人们给它取了一个形象的名字——剪秋罗花。剪秋罗花多为红色,亦有白色者为稀有,白色的又名"剪白罗"。

剪秋罗花原产我国北部和中部地区,其花美色艳,适宜栽培于花坛或花盆。一般于春分后分栽,亦可播种。此花不仅可供观赏,全草还可入药,有消炎、镇痛之功能。

剪秋罗花①

顾同应②

隋宫无梦冷轻纨③,几瓣秋花倚泪看。
萧瑟罗衣裁不就④,却怜中妇剪刀寒⑤。

【注释】
①此诗录自《天启崇祯两朝遗诗》卷八。
②顾同应,明代昆山(今属江苏)人。生平未详。
③纨(wán):细密的薄绸。参见92页注④。
④萧瑟:凄凉的样子。就:成功。
⑤中妇:泛指宫内妇女。剪刀寒:谓剪刀寒光四射,形容其锋利。

咏剪白罗花①

孔尚任②

飘风拂雨碎纷纷,玉树珑璁态出群③。
松洒青山浑是雪④,零裁白练不成裙⑤。
梨花谢后魂能返⑥,柳絮飞来影莫分⑦。
正赏浓春红紫处,谁怜缟素看文君⑧?

【注释】
①此诗录自《孔尚任诗文集》卷四。
②孔尚任:见113页注②。
③珑璁(cōng):形容明洁。出群:出众。
④浑是:都是,全是。
⑤白练:白色的丝织品,喻花瓣。
⑥此句谓此花就像是梨花返魂重现。形容花色之白。

⑦莫分:分辨不清。
⑧缟素:白色衣服,一般指丧服。文君:即西汉卓文君,貌美且善鼓琴,丧夫守寡,后随司马相如出走。比喻剪白罗花。

剪春罗亦系石竹科多年生草本。叶如冬青而小，攒枝而上。与剪秋罗所不同的是剪春罗枝叶无毛，叶呈卵状椭圆形，而剪秋罗枝叶披细毛，叶呈长卵形。剪春罗花同剪秋罗花一样，在茸茸的花瓣上裂出几道剪痕。因其开花稍早于剪秋罗，故名"剪春罗"。

剪春罗原产我国中部。一名"剪红罗""雄黄花""碎剪罗"。一般栽培于庭院、公园供观赏，但花不如剪秋罗之艳丽可爱。

剪春罗花

剪春罗①

洪适②

巧剪鲛绡碎③,深涂绛蜡匀④。
残英枝上隐⑤,逾月逞鲜新⑥。

【注释】

①此诗录自《盘洲文集》卷八。
②洪适:见36页注②。
③鲛绡:见79页注④。此喻花瓣。
④绛蜡:喻花如红色的蜡染出。
⑤残英:剩余的花。
⑥逾月:超过一个月。形容花期长。

咏剪春罗①

范允临②

君恩宴曲池③,为郎制宫锦④。
月落杏花寒,裁缝剪刀冷⑤。

【注释】

①此诗录自《明诗综》卷五八。
②范允临,字长倩,明代松江华亭(今属甘肃)人。万历乙未(1595)进士,授南兵部主事,改工部历郎中,以按察佥事提学云南,迁福建布政司参议。著作有《寥馆集》。
③曲池:回折的水池。左思《魏都赋》:"右则疏圃曲池。"
④郎:帝王侍从官的通称。
⑤裁缝:剪裁缝纫。剪刀冷:见174页注⑤。

玉簪花因其花形酷似我国古时妇女发髻上的玉簪而得名。它又名"白玉簪""玉春棒"。原产我国及日本,现在世界各地都有栽培。系百合科多年生宿根草本。叶很像车前草,花白色而具芳香。其性喜阴湿,耐寒,忌烈日暴晒。其花和根部有微毒,可入药,花朵主治癣疾。

玉簪花花形娟秀,雪白的花和碧绿的叶相辉映,分外雅致。人们多喜在庭院中栽植,盛夏的夜晚,劳累一天的人们在庭院中歇凉,这时怒放的玉簪花,沁人的香气四溢,人们精神能为之一振,颇感舒适。

"玉簪堕地无人拾,化作东南第一花。"宋诗人黄庭坚运用丰富的想象,给玉簪花加了一道瑰丽的光环,更增加了它引人的魅力。

玉簪花

玉 簪 花①

罗 隐②

雪魄冰姿俗不侵③,阿谁移植小窗阴④。

若非月姊黄金钏⑤,难买天孙白玉簪⑥。

【注释】

①此诗录自《渊鉴类函》卷四〇七,《甲乙集》和《全唐诗》均未见载。
②罗隐(833—910),唐文学家。字昭谏,余杭(今属浙江)人,一作新登(今浙江桐庐)人。本名横,因十举进士不第,乃改名。光启中,入镇海军节度使钱镠幕,后迁节度判官、给事中等职。著作有《甲乙集》。
③俗:恶俗之气。
④阿谁:犹言谁,何人。
⑤月姊:称月亮。黄金钏(chuàn):金制的镯子。喻月光。
⑥天孙:神话传说中的织女,传其为天帝的孙女,故称。白玉簪:喻玉簪花。因玉簪花是夜晚开放,故有末二句之云。

玉 簪 花①

王安石②

瑶池仙子宴流霞③,醉里遗簪幻作花④,

万斛浓香山麝馥⑤,随风吹落到君家。

【注释】

①此诗录自《渊鉴类函》卷四〇七,《王文公文集》未收录。
②王安石:见16页注②。
③瑶池:见10页注⑨。
④遗:遗失,丢失。幻:幻变。
⑤山麝:即麝,亦名香獐,其香腺分泌物具奇香。喻玉簪花之香。

赋玉簪花①

虞　集②

翠叶长蜒出露丛③，素华高洁倚微风。
方田种得新秋玉④，万斛浓香属老翁⑤。

【注释】

①此诗录自《道园学古录》卷三〇。
②虞集(1272—1348)，元代学者。字伯生，人称"邵庵先生"。祖籍仁寿(今属四川)，后迁崇仁(今属江西)。成宗时任国子助教，仁宗时为集贤修撰，文宗时与赵世延等修《经世大典》，凡八百帙。晚年告病归江西，卒谥文靖。著作有《道园学古录》等。
③蜒(yán)：一本作"莚"。蔓延不断。左思《蜀都赋》："风连蜒蔓于兰皋。"
④方田：谓花圃，形容面积狭小。新秋玉：指玉簪花。
⑤老翁：老年人，此为作者自称。

咏玉簪花①

孔尚任②

江皋谁坠玉③，零乱古苔斑④。露冷胎才破⑤，香幽院未关⑥。只宜君子佩，不上美人鬟⑦。愿来兰盈把，相怜桂幌间。

【注释】

①此诗录自《孔尚任诗文集》卷二。
②孔尚任：见113页注②。
③江皋：江边的高地。玉：喻玉簪花。
④苔斑：指斑痕。玉簪花如受到阳光直射或者干旱，叶子上常出现枯焦

的病斑。

⑤胎:喻花苞。因此花于夜晚开放,故云。

⑥香幽:香气幽远。

⑦鬟(huán):古时妇女的环形发髻。二句谓因花形长大。只宜佩于身上而不便插戴在头上。

名之金钱花,一是由于花色多为金黄,二是因为花形犹如铜钱。金钱花中午开放,夜间脱落,故又名"午时花""夜落金钱"。另外,据《花史》载,郑荣为此花作诗,诗未成而睡,梦一红裳女子掷钱与之曰,为君润笔。及郑醒来,怀中有花数朵。因此,此花又名"润笔花"。故事虽然未免荒诞,但也表达了人们对此花的喜爱。

金钱花原产印度,为梧桐科一年生草花。花生叶腋,有红、黄、白多种颜色,鲜艳美丽。其性不耐寒,喜阳光充足及高温、湿润。只要达到这两个条件,金钱花就会生长茂盛,开花不断。

金钱花

金 钱 花①
罗 隐②

占得佳名绕树芳,依依相伴向秋光。

若交此物堪收贮③,应被豪门尽劚将④。

【注释】

①此诗录自《甲乙集》卷二。
②罗隐:见179页注②。
③交:通"教",使、让。堪:能够。收贮:收藏贮存。
④豪门:泛指官宦权贵。劚(zhǔ)将:砍掘拿走。

金 钱 花①
皮日休②

阴阳为炭地为炉③,铸出金钱不用模④。

莫向人间逞颜色⑤,不知还解济贫无⑥。

【注释】

①此诗录自《全唐诗》卷六一五。
②皮日休:见3页注②。
③阴阳:阴气和阳气,古谓二气结合能产生万物。
④模:模具,模型。
⑤逞:炫耀,卖弄。颜色:容貌。
⑥解:能。济:赈济,救济。无:相当于"吗"。

金　钱　花①

来　鹄②

也无棱郭也无神③，露洗还同铸出新④。
青帝若教花里用⑤，牡丹应是得钱人⑥。

【注释】
①此诗录自《全唐诗》卷六四二。
②来鹄，唐代豫章(治今江西南昌)人。咸通中举进士不第。其余未详。
③棱郭：亦作"轮郭"，即轮廓，指铜钱的图形外框。《后汉书·董卓传》："钱无轮郭文章，不便人用。"
④此句谓金钱花被露水洗后像刚铸的钱一样清新。
⑤青帝：古传说中的司春之神。
⑥牡丹亦名"富贵花"，故云。

金　钱　花①

沈钟彦②

邓氏铜山虚设想③，沈郎榆荚许为邻④。
清宵风露频频掷⑤，似向空庭卜远人⑥。

【注释】
①此诗录自《清诗别裁集》卷二〇。
②沈钟彦，字美初，清代长洲(治今江苏苏州)人，诰赠内阁学士兼礼部侍郎。
③邓氏：即西汉邓通。汉文帝时，为黄头郎，后得宠幸，官至上大夫。受赐蜀郡严道铜山，自制钱币，邓氏钱遍于天下。
④沈郎榆荚：又称"沈郎钱"。东晋时，沈充铸小钱，人称"沈郎钱"，因其钱轻小，故以榆荚喻之。
⑤清宵：清晨。句谓由于风吹露打，金钱花频频落于地上。
⑥卜：唐人用钱占卜，以预测吉凶。远人：远离家乡的人。

晚香玉又名"夜来香""月下香"。原产墨西哥,系石蒜科多年生球根花卉。长披针形碧绿的叶子,衬托着小喇叭状的素花,显得格外幽雅。

晚香玉性喜阳光充足、温暖湿润的环境,不耐寒。靠分球法繁殖。夏季抽蕊开花时,决不能缺水。据说它的花还有驱蚊的功效。

如果在庭院中栽上一株晚香玉,夏秋之际的夜晚,会有一阵阵浓郁的芳香沁入你的心田,使你微微陶醉,格外舒畅。因此,许多地方的人们都喜欢在庭院、阳台或室内摆置上晚香玉,既可欣赏洁白素雅的花朵,又可享受浓烈的馨馥。晚香玉确是一种较好的花卉品种。

晚香玉

晚 香 玉①

李 楣②

香风吹到卷帘时③,玉蕊亭亭放几枝④。
摘向妆台伴朝夕⑤,清吟端为写幽姿⑥。

【注释】

①此诗录自《东洲草堂诗集·浣月楼遗集》卷二。
②李楣,字月裳,清代湘阴(今属湖南)人,其余未详。
③卷帘时:指早晨。晚香玉夜间香气方隆,句夸赞此花竟夜开放。
④玉蕊:形容花蕊如玉。
⑤妆台:专供妇女梳妆用的小台桌。
⑥清吟:清美的吟咏,此指写诗。端:犹完全。

夜 来 香①

吴秀淑②

花颜叶色两难分③,一架初疑是绿云。
试唤小鬟帘外摘④,今宵不用水沉熏⑤。

【注释】

①此诗录自《清画家史诗》癸下。
②吴秀淑,号玉枝,清代吴江(今属江苏)人。善画墨兰,亦工诗。
③因夜来香花初开时呈淡绿色,故云。
④小鬟:谓婢女。
⑤今宵:今夜。水沉:见17页注⑥。

滴金又名"旋覆花""金沸草",系菊科多年生草本植物。它在我国也算是个花坛老住户了,宋代的《群芳谱》里就载有它的名字。此花茎青而香,叶尖长而无桠。植株低矮,夏秋之际开放出金黄色的花,花的中间还有一点微绿,显得颇为俏丽。

滴滴金名字来源于一个荒谬的传说。传说此花梢头上晶莹透亮的露珠,滚落到地面上,那儿就长出一棵棵嫩绿的幼苗。那一滴滴露水真像一粒粒金子样宝贵,人们就叫它"滴滴金"。当然,这种说法是毫无科学根据的,但它却给滴滴金花增添了诱人的魅力。

滴滴金

滴 滴 金①

谢 薖②

满庭黄色抑何深③,一滴梅霖一滴金④。
莫使贪夫来见此⑤,闻名亦起觊觎心⑥。

【注释】

①此诗录自《渊鉴类函》卷四〇七。
②谢薖(kē),字幼槃,号竹友,宋代临川(今属江西)人。工诗文,与兄谢逸并称"二谢"。著作有《竹友集》。
③抑:句中虚字,无实义。
④梅霖:原指时雨,此指叶上的雨露水点。
⑤贪夫:贪婪的人。
⑥觊觎(jìyú):非分的企图。

　　你知道"美人蕉"这个名字的由来吗？唐代以前，它并没有这个雅号。因当时它的花多为红色，所以人们叫它"红蕉"。也有人因它的叶像芭蕉而误称它叫"芭蕉"。唐以后，它越来越受到人们的喜爱，文人们也纷纷用神来之笔来描写它。有一位诗人用丰富的想象、新颖的构思写道："芭蕉叶叶扬瑶空，丹萼高擎映日红。一似美人春睡起，绛唇翠袖舞东风。"于是，这形象的比喻得到人们的赞许，"红蕉"便逐渐被"美人蕉"这雅而美的称呼所代替。

　　美人蕉属美人蕉科多年生球根花卉，原产热带美洲，我国早已广泛栽培。《群芳谱》和《花镜》中都有较详细的记载。它可以算作不可多得的既可观叶、又可赏花的优良花卉品种。

美人蕉

红 蕉 花①

李 绅②

红蕉花样炎方识③,瘴水溪边色最深④。

叶满丛深殷似火⑤,不唯烧眼更烧心。

【注释】

①此诗录自《全唐诗》卷四八三。

②李绅(772—846),唐诗人。字公垂,无锡(今属江苏)人。元和进士,武宗时拜相,出为淮南节度使。与元稹、白居易交游甚密,为新乐府运动的参与者。

③炎方:因南方天气炎热,故代指南方。据《群芳谱》载,其种来自东粤。《花镜》也谓:"种自闽、粤中来。"故云。

④瘴水:泛指南方的河流。

⑤殷:红色,殷红。

红 蕉①

徐 凝②

红蕉曾到岭南看③,校小芭蕉几一般④。

差是斜刀剪红绢⑤,卷来开去叶中安。

【注释】

①此诗录自《全唐诗》卷四七四。

②徐凝,唐代睦州(治今浙江建德)人。元和中官至侍郎。《全唐诗》录其诗一卷。

③岭南:道名,因在五岭之南而得名。范围大约当今广东、广西和越南北部地区。

④校(jiào):比较。芭蕉:植物名,为芭蕉科多年生草本,叶与美人蕉相似。几:几乎。一般:一样,同样。

⑤差:差别。

美 人 蕉①

庄大中②

照眼花明小院幽,最宜红上美人头。

无情有态缘何事③,也倚新妆弄晚秋。

【注释】
①此诗录自《国朝咏物诗钞·草部》。
②庄大中:清代人,其余未详。
③缘何事:因为什么原因。

曼陀罗花的名字是根据梵语音译而来的，它的意思是"悦意花"。据《法华经》载，佛说法时，天降曼陀罗花。自此，曼陀罗便被套上一道神秘而玄妙的光环。

曼陀罗花和它这高雅的名字一样美丽，六瓣洁白的花瓣，组成一支支素雅的小喇叭，有点像牵牛花，但花比牵牛花大一点，它也像牵牛花一样朝开午歇。

曼陀罗虽然名字和花都很美，但它系茄科一年生有毒草本植物，花和全株都有巨毒，切不可掉以轻心。它又名"凤茄花"，原产亚热带和热带地区。我国东南和西南都有分布，人们栽培它的目的，主要是用以入药，它有止痛平喘等功能。

曼陀罗花

曼陀罗花①

陈与义②

我圃殊不俗③,翠蕤敷玉房④。秋风不敢吹,谓是天上香⑤。烟迷金钱梦⑥,露醉木蕖妆⑦。同时不同调⑧,晓月照低昂。

【注释】

①此诗录自《增广笺注简斋诗集》卷三。
②陈与义(1090—1139),南宋诗人。字去非,号简斋,洛阳(今属河南)人。官参知政事,著作有《简斋集》《无住词》等。
③俗:卑俗。
④翠蕤(ruí):绿叶。敷:开放。玉房:白色的花苞。
⑤据《法华经》载,佛说法时,天降曼陀罗花,故云。
⑥金钱:即金钱花。
⑦木蕖:即木芙蓉花。
⑧调:格调,丰采。

→ 簇簇细碎而洁白的花贴在花梗上,细细观赏,如同颗颗珍珠围缀于金棒上,玲珑精致;远远望去,又像初春时节,残雪仍堆积在枝条之上,素雅清秀。这就是原产我国的观赏花卉之一——珍珠花。

珍珠花,亦有写作"真珠花",又名"喷雪花""珍珠绣线菊""玉屑"。系蔷薇科落叶灌木,于春末开花。

那点点白玉花,剔透晶莹,说是珍珠,可又"九曲金针穿不得";明代诗人杨慎说它是"瑶华光碎月明中",这才是形象的描写,贴切的比喻。珍珠花以它特有的花貌,博得了人们的喜爱。

珍珠花

真 珠 花①

张舜民②

风中的砾月中看③,解作人间五月寒④。
一似汉宫梳洗了⑤,玉珑璁压翠云冠⑥。

【注释】

①此诗录自《画墁集》卷四。
②张舜民,字芸叟,宋代邠州(治今陕西彬县)人。自号浮休居士,又号矴斋。第进士,元祐初以司马光荐,官监察御史,擢至吏部侍郎。著作有《画墁集》《画墁录》等。
③的砾(lì):光亮鲜明的样子。汉司马相如《上林赋》:"明月珠子,的砾江靡。"
④因珍珠花远望似残雪压枝,故云。解,能
⑤一似:很像。汉宫:汉代的宫女。
⑥珑璁:亦作"璁珑",形容明澈的样子。玉珑璁,即璁珑之玉,喻白花。翠云冠:翠羽装饰的帽子,比喻绿叶。

真 珠①

洪 适②

细簇盘洲岸③,初惊合浦还④。
娉婷邀十斛⑤,惜取买青山。

【注释】

①此诗录自《盘洲文集》卷八。
②洪适:见36页注②。
③盘洲:古地名,即今贵州盘县。
④合浦:地名,治今广西合浦县东北,以产珍珠著名。据《后汉书·孟尝

传》载,孟尝的前任太守贪秽无厌,珍珠渐徙于交阯郡界。孟尝为太守时,革易前弊,不久便去珠复还。"合浦珠还"典便出于此。

⑤娉婷:美好的样子。

金银花

公园的游廊、家庭的庭院或门前,搭上一架金银花,真是美极了。绿色的藤蔓,爬上高架,夏日里,为你遮下一片绿荫,使人感到凉爽舒适;冬季里,给你带来满目新绿,又使你觉得生机勃勃。那白得发亮、黄得闪光的花朵,还发出阵阵沁人心田的清香,不由得你不发出"臭味独堪亲"的评价,难怪人们都喜爱它哩!

金银花又名"金银藤""鸳鸯藤""双花",由于它叶子经冬不凋,故又名"忍冬"。原产我国,朝鲜、日本也有分布。系忍冬科半常绿缠绕性藤本。现在,经过人们的精心培育,金银花已有许多新品种,如紫脉金银花、四季金银花等。

除可供人们观赏外,花、茎、叶皆可入药,有清热解毒、止泻等功能。

金银花①

杜 达②

声名非足美,臭味独堪亲③。心苟能无欲,花原不累贫。芬芳聊永日④,黄白岂神通⑤。试煮贪泉酌⑥,知难易性真⑦。

【注释】

①此诗录自《国朝咏物诗钞·花卉部》。
②杜达,清代人,其余未详。
③臭(xiù)味:气味,此谓香气。
④永日:整日。
⑤黄白:花的颜色,代指黄金和白银。
⑥贪泉:广州石门有贪泉,相传饮此水者即廉士亦贪,而晋吴隐之饮后却为官清正。典见《晋书》。
⑦易:改变。性真:真性,本性。

金银花①

蔡 淳②

金银赚尽世人忙③,花发金银满架香。
蜂蝶纷纷成队过,始知物态也炎凉④。

【注释】

①此诗录自《金陵诗征》卷一七。
②蔡淳,字学山,清代金陵(今南京市)人,庠生,其余未详。
③赚:犹诳骗。
④物态炎凉:语本"世态炎凉"。谓原来趋炎附势的恶习在事物中也存在。

决明花原产热带美洲,传入我国也有很久的历史了。它一名"马蹄决明",俗名"望江南",系豆科一年生草本。叶似苜蓿,于夏秋之际开花,五瓣花瓣均匀地排列着,宛如马蹄状。清晨,它绽开了笑脸,红、白、黄各种颜色,斑斓陆离,仿佛向人们炫耀自己的美色;夜晚,人们歇息了,决明花见没有欣赏的人了,便也合上了花朵,养精蓄锐,等到第二天早晨再开放。

决明花结出的荚果类似豇豆,一荚含数十粒子,人称"决明子"。据说,取此子一匙,空肚时吞服,百日后便夜可见光,明察秋毫,"决明"的名字便是由此而得的。决明子的功效虽然并非如此神奇,但它确实具有清肝明目之功能。

决明花

决 明 花①

顾同应②

个个金钱亚翠叶③,摘食全胜苦茗芽④。

欲教细书宜老眼⑤,窗前故种决明花。

【注释】

①此诗录自《天启崇祯两朝遗诗》卷八。
②顾同应:见174页注②。
③金钱:决明花状亦如金钱,故喻。亚:通"压"。
④苦茗芽:即茶叶,味苦,有明目的功能。
⑤细书:很小的字。老眼:老年人昏花的眼睛。

金雀花也像金凤花一样,因它的形象而得名。在公园、庭院中栽下一片金雀花,于仲春之时,金黄色的花朵怒放,远远望去,就像是一只只伶俐的金雀,有的跳跃于花丛之上,有的栖息于绿叶之中,各具其态,活泼可爱,形象生动,简直可以乱真。我国各地都有栽培,它们为公园招徕游客,为庭院增添生机。

金雀花又名"黄雀花""飞来凤",系豆科金雀花属常绿灌木,原产欧洲,很早以前就飞来我国落户了。金雀花的繁殖很简单,只要在花开季节,取根上有须者,栽于阴凉处,即可成活。

金雀花

金雀花①

王 越②

　　侯门爱金雀③,金雀颜色好。化作枝上花④,凌春独开早。冶游亭馆多⑤,芳容等闲老⑥。东风一飘零⑦,不及涧边草⑧。

【注释】

①此诗录自《明诗综》卷三一。

②王越,字世昌,明代浚县(今属河南)人。景泰辛未(1451)进士,天顺中以御史超拜右副都御史、巡抚大同,进太子太保兵部尚书。著作有《云山老懒集》。

③侯门:泛指官宦权贵之家。金雀:鸟名,亦名"金翅雀""芦花黄雀",体形大小如麻雀而羽色艳丽。

④化:变化。

⑤冶游:亦作"游冶",春天或节日里,男女出外游玩。

⑥等闲:犹言白白地。

⑦东风:春风。飘零:引申谓衰歇。句谓一旦春天过去了,便会凋零。

⑧不及:不如。

仙人掌

仙人掌以它奇特的形状、繁纷的品种、秀丽的花朵,更以它那顽强的性格,博得了人们的赞赏和喜爱,我国各地都有栽培。

仙人掌的故乡是墨西哥,在那里,几乎到处都有它的雄姿,连墨西哥的国徽也是雄鹰叼着毒蛇兀立于仙人掌上,难怪人们都称墨西哥为"仙人掌之国"。

仙人掌属仙人掌科多年生灌丛状肉质植物。它虽然没有碧绿葱茏的叶子,只有令人惧怕的刺,可它却有绚丽多彩的花朵为之增辉。

仙人掌的种类很多,且各具奇态,有扁平的仙人掌、高大的仙人柱、细长的仙人鞭、滚圆的仙人球以及宛如层岭迭巇的仙人山。虽然形态不一,可它们都同为植物中的强者。它们不仅可以盆栽,给居室增添清雅,而且能在荒无人烟的沙漠中生长,给荒漠带来生机。

仙 人 掌①

李调元②

应是巨灵仙,遗得拓山手③。

捧出太华莲④,长献西王母⑤。

【注释】

①此诗录自《童山诗集》卷三五。

②李调元(1734—?),清代文学家、戏曲理论家。字羹堂、赞庵、鹤洲,号雨村、童山蠢翁,绵州(治今四川绵阳)人。乾隆进士,历任广东学政、直隶通永道。后得罪权贵充军伊犁,以母老得释归。著作有《雨村曲话》《童山全集》,并辑有《全五代诗》等。

③遗:遗失,遗落。拓山手:开拓山崖的巨手,喻仙人掌。句谓应是巨神遗落的开山巨手幻变成了仙人掌。

④太华莲:喻开在仙人掌顶上的花像华山上的莲花峰,莲花峰为华山主峰之一。太华,即西岳华山,在陕西渭南县东南。

⑤西王母:亦称王母、西姥,传说中的神仙。

金桔原产我国,系芸香科常绿小乔木或灌木。它为柑桔的一种,故有人称之为"金柑"。它果实金黄,形如弹丸,因而也有人名之曰"金弹"。金桔同它的同宗们相比,最大的特点是"三小":花小、叶小、果小。一个"小"字,就衬出了它的玲珑之状、妩媚之姿。加之在秋冬之时,花木稀疏之际,它却能以绿叶丛中点点金的美貌悦人之目,故而人们都爱把它栽在盆中,置之案头,为斗室增添生机,为生活增添情趣。

"白花如霰雪,朱实似悬金"。这两句诗,形象地写出了金桔的美之所在,既是金桔的特点,也是人们喜爱它的原因。

金桔

金 桔①

钱士升②

密密金丸不禁偷③,最怜悬著树梢头。
老人口腹原无分,留得深秋供两眸④。

【注释】
①此诗录自《详注分类咏物诗选》卷六。
②钱士升:见95页注②。
③金丸:谓金桔的果实。
④供两眸:即言供欣赏。眸,指眼睛。

百合的地下茎呈鳞状，层层鳞片相互叠合；又像扁形的蒜瓣，颗颗蒜瓣紧紧攒合，因而得名。百合不仅鳞茎是营养丰富的滋补品，而它的花更是艳丽的观赏品。那色彩鲜美的喇叭状花，颇具诱人之姿。

百合系百合科多年生草本植物，早在一千多年前就已成为我国观赏花卉之一种了，南北朝后梁宣帝萧詧就曾含毫吟颂它。多年来，它一直深受我国人民的喜爱，所以各地多有栽培。

百合花不仅在我国人民心目中有颇高的地位，外国人民也非常喜欢它，法国的国徽上就有百合花的图案，《圣经》也把它作为圣洁的象征来歌颂。

百合花

百合花①

萧 詧②

接叶有多种③,开花无异色。
含露或低垂,从风时偃仰④。

【注释】

①此诗录自《全汉三国魏晋南北朝诗·全梁诗》卷三。
②萧詧(chá):即后梁宣帝。为昭明太子萧统的第三子。大通中封岳阳王,公元五五四年降西魏,次年被西魏立为梁帝,在位八年,卒谥宣,庙号中宗。
③句谓叶有多种姿态。
④偃仰:俯仰。

百合花①

严兆鹤②

学染淡黄萱草色,几枝带露立风斜。
自怜入世多难合③,未称庭前种此花④。

【注释】

①此诗录自《国朝咏物诗钞·花卉部》。
②严兆鹤:清代人,其余未详。
③入世:投身到世界来。
④称:相称,般配。

金莲花又叫"旱金莲"。系旱金莲科一年生草本。其茎中空蔓生,叶如莲而小,夏季开花,花生于叶腋,有黄、红、赭、乳白等多种颜色。

金莲花原产南美洲,性喜温暖湿润。经过多年的培育,现已有矮生、重瓣、半重瓣等品种。人们常用以盆栽装饰阳台或窗台。也可在假山旁栽植,和秀丽峻美的假石山组成一个完美的盆景。也可在庭院中或门前结一道篱笆,让它任意攀援而结成一堵美丽的花墙。

金莲花

金　莲[①]

洪　适[②]

绿衣黄里水苍笄[③],朝暮凌波步武齐[④]。
一种清高乐泉石[⑤],移根不肯污涂泥[⑥]。

【注释】

①此诗录自《盘洲文集》卷四。
②洪适:见 36 页注②。
③绿衣黄里:喻绿叶黄花。水苍笄(jī):形容水像玉簪一样碧绿。笄,古时用来插发的簪子。
④步武:引申指步伐,脚步。凌波,用曹植《洛神赋》典。
⑤乐:喜爱。《论语·雍也》:"智者乐水,仁者乐山。"
⑥因金莲不生于池塘中,根不沾污泥,故云。

山矾花

山矾花又名"郑花""芸香",系山矾科常绿灌木或小乔木。《花镜》曾这样写它:"多生江浙诸山,叶如冬青,生不对节,凌冬不凋。三月开白花,细小而繁,不甚可观,而香馥最远,故俗名七里香。"这段文字对山矾花的描述可谓生动细致,但是对此花的花味之褒及花形之贬,则未必公允。因为细小簇拥白花是甚显素雅的,而素雅当然也就是一种美。还是宋代诗人黄庭坚在一首咏水仙花的诗里说得好:"含香体素欲倾城,山矾是弟梅是兄。"水仙花的雅致是人所共知的,诗人把山矾花与水仙花以伯仲相称,无疑也就是称赞山矾花的美丽了。

戏咏高节亭边山矾花二首(并序)①

黄庭坚②

江湖南野中有一种小白花,木高数尺,春开极香,野人号为郑花③,王荆公尝欲求此花栽④,欲作诗而陋其名⑤。予请名曰山矾,野人采郑花叶以染黄,不借矾而成色,故名山矾。海岸孤绝处,补陀山译者以谓小白花⑥,予疑即此花尔。不然,何以观音老人端坐不去耶⑦?

(一)

高节亭边竹已空,山矾独自倚春风。
二三名士开颜笑,把断花光水不通。

(二)

北岭山矾取意开⑧,清风正用此时来。
平生习气难料理⑨,爱著幽香未拟回⑩。

【注释】

①此诗录自《黄山谷集》卷一九。
②黄庭坚:见 26 页注②。
③野人:山乡之人。
④王荆公:即宋王安石,因其曾被封为荆国公,故称。花栽:花苗。
⑤陋:用作动词,认为它的名字卑陋。
⑥补陀山:即补陀落迦山,一名普陀山。《读史方舆纪要·宁波府·定海县》:"补陀落迦山,在昌国县东百五里,海中一潮可到。为海岸孤绝处。梵名补陀落迦,华言小白华(花)也。"
⑦观音:佛教大乘菩萨之一,本译作"观世音",唐人避李世民讳,称"观音",后沿用。

⑧取意:任意,随意。
⑨习气:指性格,爱好。料理:引申谓改变。
⑩爱著:贪恋。拟:准备。

"花小成簇,蕊偶不冠;形若丁香,气胜幽兰。枝干婆娑,广叶璘瑞。既苍翠之常保,尽终年而赏玩"。这是黄渊岳在《花经》里对瑞香花的评价,可谓形象逼真,恰如其分。

瑞香花原名"睡香"。据《庐山记》载,一和尚昼睡于磐石之上,梦中闻到酷烈的花香,醒来循香气求得此花,故而名之。后来,四方奇之,称为花中祥瑞,遂改名为"瑞香"。

瑞香花属瑞香科常绿小灌木,原产我国,枝矮丛生,叶厚而平。入冬生出花蕾,交春开花,有白、紫、淡红等色。可用播种、扦插或压条法繁殖。性喜燥好阴。

瑞香花现已有好几个品种供栽培观赏,如金边瑞香、白瑞香、蔷薇瑞香等都为较好的品种。

瑞香花

瑞　香①

钱　起②

得地移根远③,交柯绕指柔④。露香浓结桂⑤,池影斗蟠虬⑥。黛叶轻筠绿⑦,金花笑菊秋⑧。如何南海外⑨,雨露隔炎州⑩。

【注释】

①此诗录自《渊鉴类函》卷四〇六,《全唐诗》未收录。
②钱起(722—780?),字仲文,唐代吴兴(今属浙江)人。天宝进士,曾任考功郎中、翰林学士等职,为"大历十才子"之一。著作有《钱考功集》。
③移根远:谓其根扎得很远。
④交柯:枝条互结。
⑤浓结桂:谓花香浓于盘结的桂花。
⑥蟠虬:即蟠龙,蛰伏的龙。喻枝干屈曲。
⑦黛叶:深绿色的叶子。轻:用为动词,意犹轻视、看不起。筠绿:绿竹。
⑧金花:金黄色的花。菊秋:秋菊。
⑨南海:泛指我国南方。
⑩炎州:泛指南方炎热的地方。

瑞香花新开(五首选一)①

杨万里②

外著明霞绮③,中裁淡玉纱④。森森千万笋⑤,施施两三花⑥。小霁迎风喜⑦,轻寒索幕遮⑧。香中真上瑞⑨,兰麝敢名家⑩?

【注释】

①此诗录自《诚斋集》卷二二。
②杨万里:见37页注②。
③著:穿着。明霞绮:像彩霞一样明丽的绸衣。
④中裁:一本作"中藏"。
⑤森森:多而直立的样子。笋:原为竹类的嫩芽茎,此喻指刚发的花蕾。
⑥施施:喜悦自得的样子。一本作"旋旋"。
⑦小霁:小雨刚停。
⑧索:讨取。据传晋石崇曾设锦帐护花,故云。
⑨上瑞:上等瑞品。
⑩此句谓兰麝无法和瑞香花比。

瑞 香①

郝 经②

羽葆层层拥细花③,甲梅斜映隔山茶④。
两三丛里氤氲气⑤,数百年来富贵花⑥。
雕玉香浓团瑞雪⑦,翠翘春暖插轻霞⑧。
主人一去无消息,庭户萧疏落晚鸦⑨。

【注释】

①此诗录自《郝文忠公陵川文集》卷一三。
②郝经(1223—1275),字伯常,元代泽州陵川(今属山西)人。宪宗时入元世祖王府,甚受信任。中统元年以翰林侍读学士使宋,为贾似道所扣,至元十二年得释,北还后病死。著作有《陵川集》《续后汉书》等。
③羽葆:原为用鸟羽装饰的车盖,此喻绿叶。
④甲梅:胜于梅,此指瑞香花。山茶:花名。
⑤氤氲(yīn yūn):形容香气浓盛。
⑥富贵花:一本作"富贵家"。
⑦句喻香味很浓的瑞香花像瑞雪一样白的玉雕。
⑧翠翘:见143页注③。句喻绿叶上的花又像翠翘插在乌黑的头发上。
⑨萧疏:形容荒凉冷落。

在炎热的酷暑里,绣球花碧绿的枝梢上簇拥着一大团一大团的白色花球,如同雪团,使人一见而顿生凉爽舒适之感,因此,人们总爱在庭院中栽上几棵绣球花。

绣球花一名"粉团花",系虎耳草科落叶灌木。其花为麻叶小花。《花镜》曰:"一蒂而众花攒聚,圆白如流苏,初青后白,俨然一球。"因此人们赋予它"绣球"这个形象的名字。还有一种品种,花萼初为淡红色,后变为蓝色,甚为艳丽。

绣球花不仅是著名的观赏花卉,据研究,其叶还有抗疟作用。

绣球花

绣 球 花①

汤炳龙②

谁掷流苏满小园③,无心花萼密相联④。
唐宫玉蝶团风软⑤,后土琼花簇月圆⑥。
妖态欲来茵上舞⑦,异香宜在帐中悬。
试看有物浑成处⑧,如在东风太素天⑨。

【注释】
①此诗录自《元诗选》三集。
②汤炳龙,字子文,元代人。其先山阳(一作丹阳)人,居京口(在今江苏镇江)。任庆元市舶提举。著作有《北村集》。
③流苏:下垂的穗子,古时用羽毛或丝线作成,用以作车马、帐幕的装饰品。此喻花如流苏。
④无心:此花为不孕花,故称。
⑤玉蝶:即蝴蝶花。软:形容风很温和。
⑥后土琼花:扬州后土庙古有琼花一树,树大花繁,名闻遐迩。宋王禹偁曾作《后土庙琼花诗》。
⑦妖态:娇美的姿态。茵(yīn):褥子。
⑧浑成:浑然一体。
⑨太素天:古谓刚刚形成的天。汉班固《白虎通·天地》:"始起之天,始起先有太始,形兆既成,名曰太素。"

粉 团 花①

杨 慎②

靓饰丰容腻玉肌③,轻风浥露锦屏帏④。
钗头懒戴应嫌重,留取余香染夜衣。

【注释】
①此诗录自《升庵全集》卷三四。
②杨慎:见 142 页注②。
③靓(jìng)饰:美丽的妆饰。丰容:丰满的面容,喻花容美妙。
④渥露:浓露。锦屏帏:传说晋石崇曾设锦帷护花。

绣　　球①

杨巽峰②

纷纷红紫竞芳菲③,争似团酥越样奇④。
料想花神闲戏击⑤,随风吹起坠繁枝。

【注释】
①此诗录自《渊鉴类函》卷四〇六。
②杨巽峰,明代人,其余未详。
③红紫:泛指百花。
④争似:怎似,哪如。团酥:喻绣球花。
⑤料想:猜想。

绣　球　花①

王　正②

花开不亚千团雪③,香散真愁一夜风。
帘外月明斜弄影,冰壶倒濯玉玲珑④。

【注释】
①此诗录自《江苏诗征》卷一六九。
②王正,女,字瑞人,清代江都(今属江苏)人,著作有《砚庐集》。
③不亚:不次于,不差于。
④冰壶:盛冰的玉壶,比喻洁白。玲珑:见 167 页注⑤。

鹿葱名字的来历,据《群芳谱》载:"鹿喜食之,故以命名。"是否真是如此,未作考证。鹿葱系石蒜科多年生草本,春日叶自鳞茎而出,绿色淡淡,明澈可爱。秋初,直立的花茎上开出伞形花,淡红紫色,鲜艳夺目。

鹿葱很像萱草,但二者又有诸多不同。《花镜》说得具体详细:"萱叶尖长,鹿葱叶团而翠绿;萱叶与花同茂,鹿葱叶枯死而后花;萱一茎实心,而花五六朵从节开,鹿葱一茎虚心,五六朵并开于顶。"根据这些不同的特点,我们就能清楚地分辨出这两种花,而不至于混淆不清了。

鹿葱

鹿葱绝句①

陆文圭②

丹葩信不类苹蒿③,雨后常抽绿玉条。
此草岂宜充鹿食,瘦茎却比沈郎腰④。

【注释】

①此诗录自《元诗纪事》卷八。

②陆文圭,字子方,元代江阴(今属江苏)人。宋咸淳初以春秋中乡选,延祐设科,再中乡举,以老疾不应召,卒于家。

③丹葩(pā):红花。信:真,确实。不类:不像,不一样。苹蒿:植物名,亦名"藾蒿"。

④沈郎:即南朝梁文学家沈约。据《南史·沈约传》载,沈约有志台司,而帝终不用,乃求外出,又不见许,遂以书陈情于徐勉,言自己已经老病,皮带常常移孔。后即以"沈郎腰"代指瘦弱纤细的腰肢。

木兰花

木兰花又名"杜兰",原产我国中部,为木兰科落叶小乔木或灌木,于早春开花,花朵大,味芬芳,色也娇美。它不仅可栽植于庭院园圃以供观赏,其干燥的花蕾还可入药,有散风寒、通鼻窍的功能。

我国古代有这样一则优美感人的传说,有一位年轻美貌的姑娘,名叫花木兰,在国家受到侵略的时候,毅然女扮男装,替父从军多年,直到凯旋归来,方还女儿装。这位巾帼英雄,受到人民的热爱,关于她的传说,也一直流传到现在。事有巧合,谁知花卉中也有同名者,这就是木兰花。不知是受到传说的影响,还是由于花本身的美丽。我想,木兰花深受人们的喜爱,大概是两种原因皆有吧。

戏题木兰花①

白居易②

紫房日照燕脂坼③,素艳风吹腻粉开④。
怪得独饶脂粉态⑤,木兰曾作女郎来⑥。

【注释】

①此诗录自《白居易集》卷二〇。
②白居易:见24页注②。
③紫房:紫色的花房。燕脂坼(chè):谓开出胭脂色的花。
④腻粉:细腻的粉面,花里面为白色的花粉。
⑤怪得:怪不得。饶:饱含、充满。脂粉:代指女性。
⑥传说古有女名木兰,曾女扮男装,替父从军,故云。

和白使君木兰花①

徐　凝②

枝枝转势雕弓动③,片片摇光玉剑斜④。
见说木兰征戍女⑤,不知那作酒边花⑥。

【注释】

①此诗录自《全唐诗》卷四七四。白使君:即白居易,因其曾官苏、杭二州刺史,故称。
②徐凝:见190页注②。
③雕弓:雕有花纹的弓,喻树枝状。
④玉剑:玉饰的剑,喻花片状。
⑤见说:听说。征戍:旧谓远征和守卫边疆。
⑥那:怎么。古时有赏花饮酒之俗,故云。

木 兰①

洪 适②

未识春风面③,先闻乐府名④。
洗妆侬出塞⑤,进艇客登瀛⑥。

【注释】

①此诗录自《盘洲文集》卷八。
②洪适:见36页注②。
③此句谓还没有看到木兰花。
④乐府:此单指词,词中有"木兰花"调。
⑤侬:我。出塞(sài):古谓出守边疆。
⑥瀛:即瀛洲,古传说中的仙山。此似代指游玩之地。

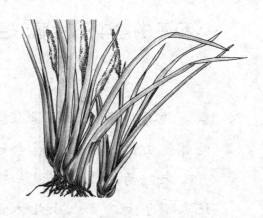

　　石菖蒲，形状很像菖蒲，因此，人们常常难以分辨。连《花镜》也把二者混为一物。其实只要注意，二者还是可分的。石菖蒲植株较矮小，叶上主脉不显著；而菖蒲叶上的主脉却很显著。

　　石菖蒲系天南星科多年生草本，主产于我国长江以南地区，日本和印度亦有分布。现已培育出一些新的品种，多栽培供观赏，一般开多朵黄色花。古人曾传说，吃了此花，可以益寿延年。此话虽不可信，但其花的根状茎可入药，有开窍豁痰之功效，倒是确实的。

石菖蒲

和子由盆中石菖蒲忽生九花①

苏　轼②

春荑秋荚两须臾③，神药人间果有无。
无鼻何由识蘑卜④，有花今始信菖蒲。
芳心未饱两蛱蝶⑤，寒意知鸣几蟪蛄⑥。
记取明年十二节⑦，小儿休更笶霜须⑧。

【注释】

①此诗录自《苏轼诗集》卷四〇。子由：即苏轼弟苏辙，字子由。
②苏轼：见6页注②。
③荑(tí)：嫩芽。荚：即结的子荚。须臾：形容从开花到结子，时间很短暂。
④蘑卜：栀子花的别名。《本草纲目》李时珍引苏颂曰："木高七八尺，叶似李而厚硬，又似樗蒲子，二三月生白花，花皆六出，甚芬香。"
⑤蛱蝶：蝴蝶。句形容花小。
⑥蟪蛄：昆虫名，为果木树害虫。《庄子·逍遥游》："蟪蛄不知春秋。"
⑦十二节：据《本草图经》载，菖蒲亦有一寸十二节者。
⑧笶(niè)：用镊子钳取。霜须：白色的须发。据说，菖蒲服至五年，白发黑，落齿更生。所以句谓不要再用镊子钳取白发了。

石　菖　蒲①

孙　作②

晓露飞初湿，春苗剪又生。静怜千叶瘦，幽喜一峰横③。郁郁明人眼④，青青异物情。安期如可待⑤，吾亦扫黄精⑥。

【注释】

①此诗录自《明诗综》卷七。

②孙作,字大雅,一字次知,明代江阴(今属江苏)人。洪武癸丑(1373)召修日历,书成除翰林编修。以老病乞外,授太平府儒学教授,入为国子助教,迁司业。著作有《沧螺集》。

③幽:幽雅。

④郁郁:形容茂盛。

⑤安期:即安期枣,传说中的仙果。此喻石菖蒲。

⑥扫:引申谓收积。黄精:植物名,百合科多年生草本,根茎有补气润肺的功能,古传说服之亦能长寿。

人们常以"豆蔻年华"来形容少女最纯洁美好的年华,由此亦可见此花之美了。一般说的豆蔻是专供入药的,平常栽培供人们观赏的是红豆蔻花。

红豆蔻花生于茎下,初如芙蓉花微红,渐出渐淡,别具艳丽之态。花色也有黄色、白色的。

红豆蔻花原产我国,晋嵇含所撰的《南方草木状》里就载有此花。系襄荷科多年生草本。每年二三月开花,人们多爱栽之于庭院、公园之中。

红豆蔻花

红豆蔻花①

范成大②

绿叶焦心展③,红苞竹箨披④。贯珠垂宝珞⑤,剪彩倒鸾枝⑥。且入花栏品⑦,休论药里宜⑧。《南方草木状》⑨,为尔首题诗⑩。

【注释】

①此诗录自《范石湖集》卷一四。
②范成大:见127页注②。
③焦心:此花初生时,嫩叶包卷,故称。
④竹箨(tuò):竹笋外边一层层的皮,此喻花苞。披:破开。
⑤贯珠:串珠,此花结子如豆,故喻称为珠。宝珞:又称"璎珞",贯串珠玉而成的装饰品,多用于颈饰。
⑥鸾:通"銮",古时的一种车铃。二句皆喻红豆蔻花结子状。
⑦花栏:犹言花坛,花界。品:品第,论高下。
⑧此指白豆蔻花,与红豆蔻非同一品种,白豆蔻花可入药,有行气、化湿及和胃功能。
⑨《南方草木状》:书名,晋嵇含撰,是我国现存最早的植物学文献之一。书中记载红豆蔻花,有"其苗如芦,其叶似姜,其花作穗"等语,并无诗作。
⑩尔:你,指红豆蔻花。首:最先,首先。

红豆蔻花①

高景芳②

可怜红豆蔻,春晚亦敷荣③。结就同心蕊④,因标连理名⑤。离人惟有泪,芳香岂无情。弹指韶光去⑥,相看隐恨生⑦。

【注释】

①此诗录自《金陵诗征》卷四七。
②高景芳,清汉军人。工骈文擅辞赋,著作有《红雪轩诗》。
③敷荣:开花。
④结就:结成。同心蕊:此花作穗房,常互结,故云。
⑤连理:原为不同根的草木,其枝干连生在一起,谓之连理,此喻穗状花房相结。
⑥弹指:形容时间短促。韶光:美好的青春时光。
⑦隐恨:内心深处的忧恨。

合欢花

合欢花系豆科落叶乔木,主产于我国中部。《花镜》描写其花曰:"树似梧桐,枝甚柔弱,叶类槐荚,细而繁。"寥寥数字,已给了我们一个大概的印象。此花于夏季开放,红色的花瓣和花萼较短小,有多根细长的雄蕊,犹如一团丝绒顶于花上,煞是好看。

合欢花的叶子夜间成对相合,故又名"夜合"。据《植物名实图考》云:"合欢即马缨花,京师呼为绒树,以其花似绒线故名。"此外,它除了有"青裳""萌葛"等别名外,还有一个别致的名字,叫作"蠲忿"。因为在令人烦热的夏天里,人们见到此花,心情会轻松喜悦,所以《花镜》曰:"人家第宅园池间皆宜植之,能令人消忿。"

夜　合①

元　稹②

绮树满朝阳③,融融有露光④。雨多疑濯锦⑤,风散似分妆⑥。叶密烟蒙火⑦,枝低绣拂墙⑧。更怜当暑见⑨,留咏日偏长。

【注释】

①此诗录自《元氏长庆集》卷一四。
②元稹:见25页注②。
③此句谓在朝阳映照下,夜合花树就像是锦绣制成。
④融融:形容和畅的样子。
⑤此句喻大雨中的夜合花就像正在洗涤的锦缎。
⑥此句喻风后的夜合花像被吹乱了的妆饰。
⑦此句喻绿叶稠密似烟而蒙盖了如火的红花。
⑧此句喻低矮的枝条搭在墙上就像锦绣拂拭着墙。
⑨当暑:正在夏日里。

题 合 欢①

李　颀②

开花复卷叶,艳眼又惊心③。蝶绕西枝露,风披东干阴。黄衫漂细蕊,时拂女郎砧④。

【注释】

①此诗录自《全唐诗》卷一三二。
②李颀,唐代东川(今属云南)人,开元进士,调新乡县尉,曾有诗集传世。
③艳眼惊心:犹同"赏心悦目"。
④砧:砧石,捣衣所用。因此花分枝捣碎绞汁可除衣垢,故云。

夜 合 花①

纳兰性德②

阶前双夜合,枝叶敷华荣③。疏密共晴雨,卷舒因晦明④。影随筠箔乱⑤,香杂水沉生⑥。对此能消忿,旋移近小楹⑦。

【注释】
①此诗录自《通志堂集》卷四。
②纳兰性德:见54页注②。
③敷华荣:开放艳丽的花。
④晦明:黑夜与白天。因此花日舒夜敛,故云。
⑤筠箔:泛指用竹子制的门帘或窗帘。
⑥水沉:见17页注⑥。
⑦旋:立刻。楹:屋前的立柱。

夜 合 花①

乔茂才②

朝看无情暮有情,送行不合合留行③。
长亭诗句河桥酒④,一树红绒落马缨⑤。

【注释】
①此诗录自《江苏诗征》卷三八。
②乔茂才,号四斋,清代宝应(今属江苏)人,官邵武府同知。
③一般为早晨送行而夜晚留行歇宿,此花正好日舒夜敛,故云。
④长亭:古时设在路边的亭舍,常用以为饯别处。《白孔六帖》:"十里一长亭,五里一短亭。"河桥:泛指桥梁。杜牧《赠沈学士张歌人》诗:"吴苑春风起,河桥酒旆悬。"
⑤红绒:喻夜合花,因其花蕊如丝绒状,故谓。马缨:套在马颈上的革带。

石楠花亦名"千年红"，系蔷薇科常绿灌木或小乔木，也有的可高达十几米。石楠的枝和叶就是一种很好的观赏品。光滑润泽的叶子，常聚生于枝梢，犹如一把小巧玲珑的伞撑放于枝头。它初夏开花，花也呈伞状，真可谓乃锦上添花。金风吹拂的清秋，那红艳艳的小果缀满枝头，宛如翡翠上缀满珍珠，好看极了。

石楠靠播种繁殖，其木质细腻，可作小工艺品，叶子还可入药，有益肾气、治风痹之功能。

石楠花早在唐代就被普遍栽植，其地域广泛，甚得人们喜爱，仅《全唐诗》中就有许多首赞咏石楠花的诗作。

石楠花

石楠树①

权德舆②

石楠红叶透帘春③,忆得妆成下锦茵④。
试折一枝含万恨,分明说向梦中人。

【注释】

①此诗录自《全唐诗》卷三二九。
②权德舆(759—818),字载之,唐天水略阳(今甘肃秦安东北)人。以文章进身,由谏官累升至礼部尚书同章事,参预朝政。著作有《权文公集》。
③石楠于清明时叶为红色,故云。
④锦茵:锦绣之褥。喻红叶落到绿草地上。

看石楠花①

王 建②

留得行人忘却归,雨中须是石楠枝③。
明朝独上铜台路④,容见花开少许时。

【注释】

①此诗录自《全唐诗》卷三〇一。
②王建(767?—830?),字仲初,唐代颍川(今河南许昌)人。大历进士,晚年为陕州司马,又从军塞上。擅长乐府诗,著作有《王司马集》。
③二句谓只有雨中的石楠树,才能使得出行在外的人忘记归家。形容石楠之美。
④铜台:即铜雀台。曹操于建安十五年(210)冬建于今河北临漳西南、古邺城西北隅。

木莲花系木兰科常绿乔木,产于我国西南及东南部。由于花很像玉兰,致使《花镜》都错误地把二者浑为一体。其实,二者还是各有特点的,如木莲的叶状为倒披针形,而玉兰的叶却为倒卵状长椭圆形;木莲一般为初夏开花,花被较狭,而玉兰却一般在初春开花。可见,二者还是不难分辨的。

"莲花认作池,误生高树顶。"清诗人袁枚以诙谐的笔调,生动地描写了木莲花的形象,也点出了木莲花名字的由来,正是因为其花似莲。莲,为花中之君子,由此也可见木莲花的素雅静美了。

木莲不仅花可供观赏,其果还可入药,木材更是制作家具的好材料。

木莲花

木莲 并序(三首选二)①

白居易②

木莲树生巴峡山谷间③,巴民亦呼为黄心树。大者高五丈,涉冬不凋④。身如青杨有白文⑤,叶如桂,厚大无脊;花如莲,香色艳腻皆同,独房蕊有异。四月初始开,自开迨谢仅二十日。忠州西北十里有鸣玉溪⑥,生者秾茂尤异。元和十四年夏⑦,命道士毋丘元志写,惜其遐僻⑧,因题三绝句云:

如折芙蓉栽旱地⑨,似抛芍药挂高枝。
云埋水隔无人识,唯有南宾太守知⑩。

红似燕支腻如粉,伤心好物不须臾⑪。
山中风起无时节,明日重来得在无?

【注释】

①此诗录自《白氏长庆集·内集》卷一八。
②白居易:见24页注②。
③巴峡:地名,指巴县以东江面的石洞峡、铜锣峡和明月峡,亦称巴郡三峡。
④涉冬:经过冬天。
⑤白文:白色花纹。
⑥忠州:古州名。唐时辖境相当于今四川忠县、丰都、垫江、石柱等县地。
⑦元和十四年:即今公元819年。
⑧遐僻:遥远偏僻。
⑨芙蓉:荷花的别称。

⑩南宾:南方的宾客,因作者到南方做官,故云。
⑪不:句中语助词,无实意。

木 莲 花①

袁 枚②

云海荡波涛,一碧千万顷③。
莲花认作池,误生高树顶。

【注释】

①此诗录自《小仓山房诗集》卷二九。
②袁枚:见8页注②。
③千万顷:极言范围广大。

太平花,为虎耳草科落叶灌木,原产我国。据说它的名字乃宋仁宗所赐,它反映了封建统治者的心理,借赐花名以寄托自己希望天下太平,使得自己能统治百世而不易其位。但是,历史发展的规律是不会以个人意愿循行的,太平花并没有使封建帝王获得太平。但是,太平花作为祖国百花园中的一分子,却以自己的美容,一直为人们所欣赏。

太平花叶子对生,夏季开花,花萼润滑光泽,四片白色的花瓣,布局匀称,现在各地多有栽培以供观赏。

太平花

太平花①

陆　游②

扶床踉跄出京华③，头白车书未一家④。
宵旰至今劳圣主⑤，泪痕空对太平花⑥。

【注释】

①此诗录自《陆游集》卷五。

②陆游：见 17 页注②。

③踉跄(liàngqiàng)：形容步履不稳。京华：即京都。

④车书：《礼记·中庸》："今天下，车同轨，书同文。"后故以此表示天下统一。未一家：表示祖国尚未统一。

⑤宵旰(gàn)：即"宵衣旰食"的缩称。意为天不亮就穿衣，天晚了才吃饭，形容帝王勤于政事。圣主：圣明的君主，古时臣对君的恭称。作者原注此句曰："花出剑南，似桃，四出千百包，骈萃成朵，天圣中献至京师，仁宗赐名太平花。"

⑥陆游所处之时已是兵戈蜂起，天下早已不太平，故云。

李白诗中有"石竹绣罗衣"之言,杜甫诗中有"麝香眠石竹"之句,两位著名的大诗人各自从不同的角度赞颂了石竹。前者着力于花形之美,后者偏重于花气之香。合二而一,可见石竹花是既美又香的好花了。

石竹一名"洛阳花",产于我国北部至中部,系石竹科多年生草本。全株粉绿色,叶对生,夏季开花,白色或粉红色的花瓣尖端,浅裂成均匀的锯状齿,别具其美。

石竹性喜肥沃与湿润,耐寒,忌水涝。品种较多,常见的有美国石竹、香石竹(康乃馨)等。由于其花香且美,故而人们常用它来布置花坛、庭院与花径。不仅如此,它也是较理想的盆栽花。

石竹花

云阳寺石竹花①

司空曙②

一自幽山别③,相逢此寺中。高低俱出叶,深浅不分丛④。野蝶难争白⑤,庭榴暗让红⑥。谁怜芳最久,春露到秋风。

【注释】

①此诗录自《全唐诗》卷二九二。
②司空曙,唐代诗人。字文明(一作文初),广平(治今河北永年东南)人。曾举进士,为剑南节度使幕府,官水部郎中。为"大历十才子"之一。著作有《司空文明诗集》。
③一自:自从。幽山:僻远的山。
④句写同株花上有不同颜色的花朵。
⑤句谓难以分出粉蝶和白花到底谁白。
⑥庭榴:庭院中的石榴。让:差,逊色。句谓石榴花也比不上此花红艳。

山舍小轩有石竹二丛哄然秀发因成七言二章(选一)①

林逋②

麝香眠后露檀匀③,绣在罗衣色未真④。
斜倚细丛如有恨,冷摇疏朵欲生春。
阶前红药推词客⑤,篱下黄花重古人⑥。
今日含毫与题品⑦,可怜殊不愧清新⑧。

242

【注释】

①此诗录自《林和靖诗集》卷二。小轩:带窗槛的小室。哄然:形容繁茂。

②林逋:见14页注②。

③檀匀:匀称的香气。

④未真:没有原花那样逼真。

⑤红药:红芍药花。推:推重、推赏。词客:泛称擅长作词的人。

⑥黄花:即菊花。

⑦含毫:挥笔。题品:经品论而定等级高下。

⑧可怜:可爱。句谓此花非常可爱,一点也不愧于"清新"二字。

石竹花二首(选一)①

王安石②

春归幽谷始成丛③,地面芬敷浅浅红④。
车马不临谁见赏⑤,可怜亦解度春风⑥。

【注释】

①此诗录自《王文公文集》卷七七。

②王安石:见16页注②。

③幽谷:旷深的山谷。

④芬敷:含有香气地开放。

⑤临:来到。谁见赏:谁赏你。见:指代副词,指花。

⑥亦解:也懂得。

千日红,这名字虽然有点言过其实,但它的花期也确实很长,可谓经久不衰,不然人们是不会赋予它这个雅号的。千日红花像一颗颗火球,如果用它来布置花坛,无数的火球汇成了红色海洋,远远望去,极为壮观。如果用它盆栽以点缀居室,会使你雅洁的住处锦上添花。

千日红原产南美,系苋科一年生草本植物。性喜阳光充足,温暖湿润,靠种子繁殖。《花镜》对它有一段既详细又有趣的描写:"千日红,本高二三尺,茎淡紫色,枝叶婆娑。夏开深紫花色,千瓣细碎,圆整如球,生于枝梢。至冬,叶虽萎而花不蔫。妇女采簪于髻,最能耐久。略用淡矾水浸过,晒干藏于盒内,来年犹然鲜丽。"如此说来,倒确实可谓是千日红了。

千日红

千 日 红①

钱兴国②

漫说花无百日红③,谁知花不与人同。

何由觅得中山酒④,花正开时酒正中⑤。

【注释】

①此诗录自《国朝咏物诗钞·花卉部》。
②钱兴国,清代人,其余未详。
③漫说:且莫说,不要说。
④中山酒:酒名,又名"千日酒"。唐鲍溶《范真传侍御累有寄因奉酬》诗:"闻道中山酒,一杯千日醒。"
⑤中:合用,正合适。

栀子花是深受人们喜爱的观赏花卉之一。它又名"越桃""鲜支""詹卜"。系茜草科常绿灌木或小乔木。原产我国,栽培历史悠久。早在《汉书》中就有记载,南朝齐大诗人谢朓曾挥毫吟颂:"金蕡发朱采,映日以离离。"继之以后,唐大诗人杜甫,宋诗人苏轼、杨万里等也都为之赋诗。栀子花叶色碧绿如翠,花瓣乳白似玉,且浓香四溢,即使凋谢后已枯萎变色,亦仍余香不已。

据《花镜》载,此花大概可分三种:"单叶小花结子多;千叶大花者不结子,色白而香烈;又有四季花者,亦不生山栀。"

栀子花我国各地都有栽培,四五月间,它怒放吐香,使人们都似乎沉溺于香海之中。

栀子花

咏墙北栀子①

谢　朓②

有美当阶树,霜露未能移③。金蕡发朱采④,映日以离离。幸赖夕阳下,余景及西枝⑤。还思照绿水,君阶无曲池⑥。余荣未能已⑦,晚实犹见奇⑧。复留倾筐德⑨,君恩信未赀⑩。

【注释】

①此诗录自《汉魏六朝百三名家集·谢宣城集》。
②谢朓:见71页注②。
③句谓霜露也不能改变栀子花。因此花为常绿植物,故云。
④金蕡(fén):金黄色的种子。
⑤余景:夕阳西下后的残光。
⑥曲池:回曲的园池。
⑦余荣:枯凋的花。已:停止。因此花花片枯黄后仍香气四溢,故云。
⑧实:果实。此花结金色卵状果。见:现出。
⑨倾筐:比喻能尽其所有。
⑩未赀(zī):犹言不可估量。

栀　子①

杜　甫②

栀子比众木,人间诚未多③。于身色有用④,与道气相和⑤。红取风霜实,青看雨露柯。无情移得汝,贵在映江波。

【注释】

①此诗录自《杜诗详注》卷一〇。
②杜甫:见13页注②。
③诚:诚然,确实。
④栀子的果实黄色,可用以染帛,故云。
⑤顾宸注曰:"一本作'伤和',其性极冷,即所云'气伤和'。"赵昉注曰:"《本草》称栀子治五内邪气,胃中热气,其能理气明矣。此颂栀子之功也。作'气相和'亦是。"

和令狐相公咏栀子花①

刘禹锡②

蜀国花已尽③,越桃今正开④。色疑琼树倚⑤,香似玉京来⑥。且赏同心处,那忧别叶催。佳人如拟咏⑦,何必待寒梅⑧。

【注释】

①此诗录自《刘禹锡集》卷三三。令狐相公:见23页注①。
②刘禹锡:见2页注②。
③蜀国:指今四川省。
④越桃:栀子花的别名。
⑤琼树:仙树。
⑥玉京:道教称天帝所居之处。
⑦佳人:美人,多指女性。拟咏:准备写诗,有写诗的想法。
⑧待:等待。

栀子花①

杨万里②

树恰人来短③,花将雪样看④。孤姿妍外净⑤,幽馥暑中寒⑥。有朵篸瓶子⑦,无风忽鼻端⑧。如何山谷老⑨,只为赋山矾⑩。

【注释】

①此诗录自《诚斋集》卷七。
②杨万里:见37页注②。
③树恰:谓此树花开得正盛。人来短:犹言来观赏的人很少。
④此花洁白如雪,故云。
⑤妍外净:形容此花不仅艳美而且素净雅致。
⑥幽馥:清新的香气。
⑦篸(zān):通"簪",引申谓插。
⑧忽:形容迅速。鼻端:即鼻尖。句谓即使无风,它的香气也会扑鼻而来。
⑨山谷老:宋代诗人黄庭坚,号山谷道人。
⑩山矾:花名。黄庭坚曾写有《戏咏高节亭边山矾花二首》诗。

玉蕊花是我国人民所赋予的形象而又美丽的名字。它的原名叫作"西番莲",为西番莲科蔓生植物,原产巴西。据载,此花早在唐贞观年间就传入我国,迄今已有一千三百多年的历史了。在我国人民的辛勤培育下,它的品种越来越多,花容越来越美。

此花因雄蕊药可转动,形状似时钟,故又名"时计果""转心莲"。对此花,《花镜》有详细而生动的描写:"蔓若荼蘼,冬凋春荣。叶似柘,茎微紫,花苞初甚细,经月渐大。暮春方八出,须如冰丝,上缀金粟,花心复有碧筒,状类胆瓶,其中别抽一点,出众须上,散为十余蕊,犹刻玉然,世多未之见。"

玉蕊花

玉 蕊①

唐彦谦②

玉蕊两高树,相辉松桂旁。向来尘不杂③,此夜月仍光。秀掩丛兰色④,艳吞秾李芳⑤。世人嫌具美⑥,何必更清香。

【注释】

①此诗录自《全唐诗》卷八八五。
②唐彦谦:见79页注②。
③此句谓此花素雅,不为世俗之尘玷污。
④此句谓此花清秀以致使兰花黯然。
⑤此句谓此花艳丽又超过了鲜美的李花。
⑥嫌:犹言妒恨。具美:各方面都美。

次韵廷秀待制玉蕊①

周必大②

姑射山前雪照人③,长安水畔态尤真④。
步摇翘玉中心整⑤,璎珞涂金四面匀⑥。
常笑荼蘼藏浪蕊⑦,应陪芍药殿余春⑧。
自从唐代来天女⑨,直到平园见后陈⑩。

【注释】

①此诗录自《宋诗钞·平园集补钞》。
②周必大(1126—1204),南宋大臣。字子充,一字洪道,自号平园老叟,吉州庐陵(今江西吉安)人。绍兴进士,历官权给事中、中书舍人,孝宗时拜左丞相,光宗时封益国公,后出判潭州。著作有后人所辑《益国周文忠公全集》。

③姑射山:见60页注⑤。
④长安:因西汉、隋、唐皆建都于长安,所以唐以后常以长安代指国都。
⑤步摇、翘玉:原为古时妇女的两种首饰,此喻花瓣状。
⑥璎珞:原为串珠玉而成的颈饰,此喻花副冠的丝状体。
⑦此句谓荼蘼花太妖艳了。
⑧殿:引申谓在最后面。
⑨天女:仙女,喻玉蕊花。据载此花唐时从国外传入,故云。
⑩平园:安静的花园。后陈:队列的后面。

山丹花别名很多,如"渥丹""重迈""红百合""连珠"等。系百合科多年生草本。春季开花,多为红色,亦有黄、白二色。地下鳞茎小,可供食用。我国各地均有栽培。

"山丹丹花开红艳艳",陕北民歌《山丹丹》唱出了山丹花的美丽,也唱出了人们对山丹花的喜爱。《花镜》谓此花"花色朱红,诸卉莫及",确实不是虚夸。

此花艳则艳兮丽则丽,只是不能持久。《花镜》曰:"茂者一枝三四花,不但不香,而且更夕则谢,相继只数日。"真乃美中之不足也。

山丹花

山 丹 花①

王十朋②

四月相将莫③,山丹开始都④。真心本来赤,正色自然朱。百合晚乃俗⑤,石榴繁更粗⑥。谁将仙灶药⑦,花里着功夫。

【注释】

①此诗录自《梅溪文后集》卷七。
②王十朋:见27页注②。
③莫:"暮"之古字,引申谓将尽,月底。
④始都:最初的国都,此指开封。作者为南宋人,北宋建都于开封,故称开封为"始都"。
⑤百合:百合花。俗:俗气。
⑥粗:粗俗不雅。
⑦仙灶药:指火。因花红似火,故云。

山 丹 花①

杨万里②

春去无芳可得寻③,山丹最晚出云林④。
柿红一色明罗袖⑤,金粉群虫集宝簪⑥。
花似鹿葱还耐久⑦,叶如芍药不多深⑧。
青泥瓦斛移山花⑨,聊著书窗伴小吟⑩。

【注释】

①此诗录自《诚斋集》卷二二。
②杨万里:见37页注②。

③此句谓春天一过就看不见鲜花了。
④云林:远望浓郁如云的树林。
⑤柿红:柿子成熟时的红色,喻山丹花鲜红。罗袖:代指华丽的衣服。
⑥金粉:金黄色的花粉。群虫:泛指蜂蝶。宝簪:古时女性的一种首饰。因把山丹花戴在头上,故而落下花粉,招来蜂蝶,故云。
⑦此句谓山丹花比鹿葱的花还耐久一点。
⑧此句谓山丹花叶子像芍药,但没芍药叶翠绿。
⑨瓦斛:瓦制花盆。
⑩聊著:暂且放在。小吟:指吟诗。

山　丹①

刘克庄②

偶然避雨过民舍③,一本山丹恰盛开④。
种久树身樛似盖⑤,浇频花面大如杯⑥。
怪疑朱草非时出⑦,惊问红云甚处来⑧。
可惜书生无事力⑨,千金移入画栏栽⑩。

【注释】

①此诗录自《后村先生大全集》卷三。
②刘克庄:见63页注②。
③民舍:谓平民百姓的住房。
④一本:一株。
⑤樛(jiū):树枝向下弯曲。盖:车盖。
⑥频:形容次数多。
⑦朱草:古传说中的仙草。非时:不是应该出来的时候。
⑧红云:喻红色花朵。甚处:什么地方。
⑨书生:读书人,此为作者自称。无事力:犹言没有能力。
⑩千金:代指昂贵的价钱。画栏:原为雕花栏杆,此代指庭院。

"若遇春时占春榜,牡丹未必作花魁"。古人的诗句,是对木芙蓉的高度评价而并非恭维之语,木芙蓉以它的美证实了这一点。在天高气爽的金秋里,它怒放出白色或淡红色的花,娇嫩妩媚,给大好秋光更添锦色。

木芙蓉又名"华木""拒霜",系锦葵科落叶灌木,原产我国西南地区而尤以四川为甚。据《成都记》载,孟后主于成都城上遍种芙蓉,每至秋季,四十里如锦绣,因名之曰"锦城"。一直到今天,"锦城"还是四川省的别名。

人们爱把木芙蓉栽于公园、庭院,一到秋季,妖红绚目,艳花赏心,难怪《花镜》誉其为"清姿雅质,独殿群芳,乃秋色之最佳者"了。

木芙蓉

秋朝木芙蓉①

李嘉祐②

水面芙蓉秋已衰③,繁条倒是着花时④。
平明露滴垂红脸⑤,似有朝愁暮落悲。

【注释】

①此诗录自《文苑英华》卷三二二。
②李嘉祐,字从一,唐代赵州(治今河北赵县)人。天宝间擢第,授秘书正字。坐事谪鄱江令,调江阴,入为中台郎,大历中为袁州刺史。著作有《齐梁风》。
③水面芙蓉:即荷花。
④繁条:繁茂的枝条,此指木芙蓉。
⑤平明:天大亮的时候。红脸:喻花容。

木 芙 蓉①

王安石②

水边无数木芙蓉,露染燕脂色未浓③。
正似美人初醉著④,强抬青镜欲妆慵⑤。

【注释】

①此诗录自《王文公文集》卷七七。
②王安石:见16页注②。
③此句谓胭脂沾上露水而使得颜色不浓郁。比喻花为粉红色。
④著:"着"之本字,谓醉后脸初着红色。亦喻花红。
⑤强(qiǎng):勉强。青镜:古人用的镜子为青铜所制,故称。慵(yōng):懒,困倦。

和陈述古拒霜花①

苏　轼②

千株扫作一番黄③,只有芙蓉独自芳④。

唤作拒霜知未称⑤,细思却是最宜霜⑥。

【注释】

①此诗录自《苏轼诗集》卷八。陈述古:名陈襄,字述古,神宗时官至侍御史,曾荐苏轼等三十三人。
②苏轼:见6页注②。
③千株:代指百花。句谓百花皆已枯萎。
④芳:用作动词,发出芬芳。
⑤拒霜:木芙蓉的别名。未称(chèn):不相符合,不适宜。
⑥此句谓细细想来,才觉得此花最适宜于霜时观赏。

咏江岸拒霜花①

赵执信②

霜裛风翻袅袅枝③,可怜闲淡与霜宜④。

江妃无语空含睇⑤,妒杀天寒独倚时⑥。

【注释】

①此诗录自《清诗别裁》卷一三。
②赵执信:见152页注②。
③裛(yì):通"浥",沾湿。袅袅枝:细长柔弱的枝条。
④闲淡:悠闲淡泊。
⑤江妃:传说中的水神。睇(dì):流盼。
⑥独倚时:犹言独占风光。

蜀 葵花据传最早栽培于四川,故名"蜀葵",又名"蜀季花"。因其开花时乃自下向上循序开放,一二米高的茎上几乎全是红彤彤的,所以又名"一丈红"。它一般于端午节时开花,因而人们又称它为"端午锦""龙船花"。

蜀葵原产我国,为锦葵科多年生草本。大型花生于叶腋,色彩纷繁,有红、紫、白及墨黑等多种颜色。

蜀葵花性耐寒,不择土壤,很宜栽培。因此花极易成活,而花朵又大且美,故现在世界各地都有栽培。如果把它栽植成片,开花时或者一片鲜红,或者五彩斑斓。既可美化环境,又可增强节日气氛,人们常用它作为花坛的背景布置。

蜀葵

蜀　葵①

陈　标②

眼前无奈蜀葵何,浅紫深红数百棵③。
能共牡丹争几许④,得人嫌处只缘多⑤。

【注释】
①此诗录自《全唐诗》卷五〇八。
②陈标,唐代人。长庆二年(822)登进士第,官终侍御史。《全唐诗》收其诗十二首。
③棵(kē):通"棵"。
④几许:多少。
⑤得:让,使。嫌:讨厌。缘:因为。一本作"得人轻处只缘多"。

蜀　葵①

徐　夤②

剑门南面树③,移向会仙亭④。锦水饶花艳⑤,岷山带叶青⑥。文君惭婉娩⑦,神女让娉婷⑧。烂熳红兼紫,飘香入绣扃⑨。

【注释】
①此诗录自《全唐诗》卷七〇八。
②徐夤,字昭梦,唐代莆田(今属福建)人。乾宁进士,授秘书省正字,后归隐延寿溪。著作有《探龙集》《钓矶集》。
③剑门:古县名。唐武则天圣历二年(699)置。治在今四川剑阁东北,因境内有剑门山而得名,元至元二十年(1283)废。
④会仙亭:亭台。具体未详。
⑤锦水:即锦江,为岷江分支之一。传说古人在这里濯锦,颜色比其他

水鲜明,故名"锦江"。
⑥岷山:山名,在四川省北部,绵延川、甘两省边境。
⑦文君:西汉美女卓文君。婉娈:形容仪容柔美。
⑧娉婷:形容美好。
⑨绣扃(jiōng):有花纹的门窗,多代指女性住房。

墨 葵①

蒋 忠②

密叶护繁英③,花开夏已深。
莫言颜色异,还是向阳心。

【注释】
①此诗录自《慎斋集》卷三。墨葵:花色墨黑的蜀葵。
②蒋忠,字主忠,明代仪真(今江苏仪征)人,徙居句容,为"景泰十才子"之一。著作有《慎斋集》。
③繁英:纷繁的花朵。

蜀 葵①

吕兆麒②

昔向燕台见③,今来蜀道逢。薰风一相引④,艳色几回浓。翠干抽筠直⑤,朱华剪彩重⑥。倾阳曾有愿⑦,莫认木芙蓉。

【注释】
①此诗录自《皖雅初集》卷二一。
②吕兆麒:见92页注②。
③燕(yān)台:古台名,又名"黄金台""金台"。故址在今河北易县东南北易水南,相传燕昭王筑此台,置千金于上,招延名士,故名。

④薰风:和煦之风。
⑤翠干:指花茎。筠直:像竹子一样直。
⑥朱华:红花。彩重:像红绸的颜色一样浓郁。
⑦倾阳:向着太阳。

黄蜀葵

黄蜀葵，听起来好像和蜀葵没什么区别。实际上也是如此，二者确实有很多相似之处，但也有一些不同之处。例如叶子，乍看很相像，但细瞧就会发现黄蜀葵叶子的裂痕较蜀葵叶子多而且深。再如花，二者虽然都在夏季开花，但黄蜀葵的花单生叶腋和枝端，不像蜀葵花独生于叶腋。花型虽然都属大型花，但花色上黄蜀葵就远没有蜀葵纷繁，它一般只为淡黄色，而中间呈暗褐色。当然，也并非说黄蜀葵如此单调，不屑一顾了，它虽无蜀葵的陆离之光彩，可也有独特的娟秀之美姿。

黄蜀葵一名"秋葵"，系锦葵科一年生或多年生草本，原产我国。此花不仅可供观赏，全花还可入药，有清热、消肿、解毒之功效。

黄蜀葵花①

张 祜②

名花八叶嫩黄金,色照书窗透竹林。
无奈美人闲把嗅③,直疑檀口印中心④。

【注释】
①此诗录自《金唐诗》卷五一一。
②张祜,祜或误作"祐",唐代诗人。字承吉,清河(今属河北)人。因元稹排挤,遂至淮南,爱丹阳曲阿地,隐居以终。以宫词著名,著作有《张处士诗集》。
③把:犹拿,持。
④檀口:古称美女红艳的嘴唇。因黄蜀葵花中间呈褐色,故云。

黄 蜀 葵①

崔 涯②

野栏秋景晚,疏散两三枝。嫩碧浅轻态③,幽香闲澹姿④。露倾金盏小⑤,风引道冠欹⑥。独立悄无语,清愁人讵知⑦。

【注释】
①此诗录自《全唐诗》卷五〇五。
②崔涯,唐代吴楚间人,诗与张祜齐名,失意游江淮间。《全唐诗》收其诗八首。
③浅轻:鲜明轻盈,描写花叶状。
④幽香:清新的香气。
⑤金盏:金制的杯盏,喻黄色的花朵。
⑥道冠:道士之冠,为黄色,亦喻花朵。欹(qī):倾斜,歪。
⑦清愁:孤独的烦闷。人讵知:人岂知,别人哪知道。一本作"人不知"。

黄　葵①

高　启②

春晚独余芬,风回带酒香③。
美人偏爱看,因似御衣黄④。

【注释】
①此诗录自《青邱诗集注》卷一六。
②高启(1336—1374),明代诗人。字季迪,长洲(治今江苏苏州市)人。元末隐居吴淞青丘,自号青丘子。为"吴中四杰"之一。明洪武初,召修《元史》,为翰林院国史编修,授户部右侍郎,不受,后被太祖借故腰斩。著作有诗集《高太史大全集》、文集《凫藻集》等。
③原注曰:"潘德久诗:'一树黄葵金盏侧,劝人相对醉西风。'"
④御衣黄:牡丹之一种。据《群芳谱》载,洛阳牡丹,其花黄者有御衣黄。

黄　蜀　葵①

史台懋②

花似鹅儿黄③,叶如螺子黛④。
一叶复一叶,花叶自相对。

【注释】
①此诗录自《庐州诗苑》卷二。
②史台懋,字半楼,清代合肥(今属安徽)人,嘉庆太学生。著作有《浮槎山馆诗集》。
③鹅儿黄:即鹅黄酒,因酒色嫩黄,故名。
④螺子黛:亦称"螺黛"。古代用以画眉的一种青黑色颜料。冯贽《南部烟花记·螺子黛》:"炀帝宫中争画长蛾,司宫吏日给螺子黛五斛,出波斯国。"

葵花,虽然名字也有"花"字,但其花并不能说美,更不能与蜀葵及黄蜀葵同日而语,严格地说,它也并不属于观赏花卉的行列。但由于一些特殊的因素,它也颇受人们的喜爱,古诗中也不乏吟颂之作,故而我们也就收列了。

葵花朵朵向阳开,这是葵花的一大特点,因此人们常称之为"向日葵",又名"朝阳花",系菊科一年生草本。植株高大,茎直立,叶通常互生。单生于茎顶的头状花序不结实,花序中部的两性筒状花结子,就是既可榨油又可炒吃的葵花子。

葵花原产北美洲,传入我国也有很长历史,而且栽培地区广泛。人们都爱在庭院中或宅前屋后种上几棵,以增添生活的情趣。

葵花

葵 花①

梅尧臣②

此心生不背朝日,肯信众草能翳之③?
真似节旄思属国④,向来零落谁能持⑤?

【注释】
①此诗录自《梅尧臣集编年笺校》卷一八。
②梅尧臣:见4页注②。
③翳(yì):遮蔽。
④节旄:竹上缀牦牛尾饰物,古为出使的凭证。
⑤二句用了苏武出使的典故。据本传载,苏武出使匈奴被扣,迫之降服,不肯,被迁至北海(今贝加尔湖)牧羊,长达十九年之久才获释返朝,回归时所持节旄已脱落尽。

葵 花①

苏 辙②

葵花开已阑③,结子压枝重。长条困风雨,倒卧枕丘垄④。忆初始放花,岌岌旌节耸⑤。得时能几时,狼籍成荒冗⑥。浮根不任雪,采剥收遗种。未忍焚枯茎,积送墙角拥⑦。

【注释】
①此诗录自《栾城集》卷二。
②苏辙:见87页注②。
③阑:结束,尾声。
④丘垄:坟墓。

⑤岌岌(jí):形容很高。旌节:古代使者持所的符节。
⑥狼籍:形容零乱。荒冗:荒凉杂乱。
⑦积迭:收积堆放。

萱草是我国传统花草之一。系百合科多年生草本,叶片细长,花冠呈漏斗状,纷披六出,极为美丽。因此,自古以来就深得人们的喜爱,早在《诗经》里,就有吟咏萱草的诗句。人们甚至把它奉为吉祥的象征,赋予它神奇的传说。说妇女妊娠时如佩带此花,则生男孩,故称之为"宜男草"。又说佩戴此花能解闷除忧,所以又名"忘忧草"。虽然这些传说毫无科学根据,但表现了人们对它的喜爱。

萱草的花秀丽俊美,有的怒放如盘,有的直立如杯,有的花瓣飞舞如腾凤,有的花瓣反卷似锦帛,千姿百态,撩人眼花。在大型宴会上也常把它用作插花,配置成美丽的花盘或花篮,给人以美的享受。

萱草

萱①

李峤②

屣步寻芳草③,忘忧自结丛④。黄英开养性⑤,绿叶正依笼⑥。色湛仙人露⑦,香传少女风。还依北堂下⑧,曹植动文雄⑨。

【注释】

①此诗录自《全唐诗》卷六〇。
②李峤,字巨山,唐代赞皇(今属河北)人。第进士,举制策甲科,累迁给事中。因忤武后旨,出为润州司马。神龙中以特进同中书门下三品,玄宗时坐事贬庐州别驾卒。
③屣(xǐ)步:徒步,步行。一本作"履步"。
④忘忧:萱草的别名。
⑤养性:涵养其天性。
⑥此二句一本作"叶舒春夏绿,花吐浅深红"。
⑦湛(zhàn):厚重、浓郁。
⑧北堂:古代士大夫家主妇常居留之所,后以此代指母亲。此句一本作"含贞北堂下"。
⑨曹植曾写《宜男花颂》,见《曹子建集》卷七。

萱 草①

朱 熹②

春条拥深翠,夏花明夕阴。
北堂罕悴物③,独尔淡冲襟④。

【注释】

①此诗录自《朱子大全》卷一。

②朱熹(1130—1200),南宋哲学家、教育家。字元晦、一字仲晦,号晦庵,别称紫阳,徽州婺源(今属江西)人,侨居建阳(今属福建)。曾任秘阁修撰等职。对经学、史学、文学、乐律以至自然科学均有不同程度的贡献。在哲学上发展了二程学说,建立了"程朱学派"新体系。著作有《四书章句集注》《诗集传》《楚辞集注》及后人辑的《朱子大全》《朱子语类》等。
③北堂:见270页注⑧。悴物:谓使人忧愁之物。
④淡:淡泊。冲:空。襟:襟怀。

咏常季庭前萱草①

姚永概②

阶前忘忧草,乃作黄金花。六出向我笑③,须端缀粟芽④。君持杯谓我,所忧胡琐琐⑤。酌酒对此花,自计未为左⑥。我思植瑶草⑦,灌以醴泉流⑧。枝叶日茂美,佩之百疾瘳⑨。世间闲草木,那得解余愁。斯言傥不遂⑩,愿逐庐遨游⑪。

【注释】
①此诗录自《慎宜轩诗集》卷五。
②姚永概,字淑节,清代桐城(今属安徽)人。光绪十四年(1888)解元,著作有《慎宜轩诗集》。
③六出:此花六瓣,故云。
④粟芽:此花花须顶端有一粒状物,故云。
⑤胡:为何,为什么。琐琐:形容卑微细小的事。
⑥左:卑下。
⑦瑶草:传说中的仙草。
⑧醴泉:甘美的泉水。王充《论衡·是应》:"泉从地下出,其味甘若醴,故曰醴泉。"
⑨百疾:泛指各种疾病。瘳(chōu):病愈。
⑩傥:同"倘",倘若,假如。不遂:不能实现。
⑪庐:庐舍,古时置于驿路边供行人住宿的房屋。遨游:尽情地游历。

杜鹃花

杜鹃花原产我国。《本草纲目》载,此花"处处山谷有之,高者四五尺,低者一二尺,春生苗,叶浅绿色,枝少而花繁,一枝数萼,二月始开,花如羊踯躅而蒂如石榴花。有红者、紫者、五出者、千叶者。小儿食其花,味酸无毒。一名红踯躅,一名山石榴,一名映山红,一名杜鹃花"。

传说古蜀帝杜宇,死后化为杜鹃鸟,长叫着"不如归、不如归",直叫得口淋鲜血。鲜红的血滴在一种花上,花即变成艳红的,于是,人们就称这种花为"杜鹃花"了。优美动人的传说,和艳美的花貌结合在一起,使此花具有了巨大的魅力。

经过长期培育,杜鹃花已是品种繁多,据统计,全世界共有800多种,而我国就有650多种。

玉泉寺南三里涧下多深红踯躅, 繁艳殊常,感惜题诗,以示游者①

白居易②

玉泉南涧花奇怪,不似花丛似火堆。
今日多情唯我到,每年无故为谁开?
宁辞辛苦行三里,更与留连饮两杯③。
犹有一般辜负事④,不将歌舞管绞来⑤。

【注释】

①此诗录自《白居易集》卷三一。
②白居易:见 24 页注②。
③留连:留恋不愿离开。
④一般:一件。辜负:背负,对不起。
⑤将:带。管弦:泛指各种乐器。

净兴寺杜鹃一枝繁艳无比①

韩 偓②

一园红艳醉坡陀③,自地连梢簇蒨罗④。
蜀魄未归长滴血⑤,只应偏滴此丛多。

【注释】

①此诗录自《全唐诗》卷六八〇。
②韩偓,字致尧,唐代京兆万年(今属陕西)人。龙纪元年(889)擢进士第,官至兵部侍郎,后被贬谪,天祐二年(905)复官,不赴,南依王审知而卒,著作有《翰林集》《香奁集》等。
③坡陀:山坡、山冈。

④蒨(qiàn)罗:鲜艳的丝织品,喻花朵。
⑤蜀魄:代指杜鹃鸟,因传其为古蜀帝杜宇所化,故称。

晓行道旁杜鹃花①

杨万里②

泣露啼红作么生③?开时偏值杜鹃声④。
杜鹃口血能多少,不是征人泪滴成⑤?

【注释】

①此诗录自《诚斋集》卷三四。
②杨万里:见37页注②。
③啼红:啼出鲜血。作么生:怎么。
④偏值:刚巧遇上。
⑤以反问句式,表示杜鹃花是征人的泪染红的。

初见杜鹃花①

苏世让②

际晓红蒸海上霞③,石崖沙岸任欹斜④。
杜鹃也报春消息,先放东风一树花。

【注释】

①此诗录自《明诗综》卷六五。
②苏世让,字彦谦,明代人。官成均馆司成迁户曹判书,历议政府左赞成。著作有《清心堂集》。
③际晓:即晓际,天刚亮的时候。句喻杜鹃花就像海上朝霞一样绚丽。
④欹斜:歪歪斜斜。句谓杜鹃花可以不择条件地到处生长。

白杜鹃花①

陈至言②

蜀魄何因冷不飞,空山一片影霏微③。

那须带血依芳树,自可梳翎弄雪衣④。

细雨春波愁素女,轻风明月泣湘妃。

江南寒食催花候⑤,肠断无声莫唤归。

【注释】

①此诗录自《清诗别裁》卷二〇。
②陈至言:见 167 页注②。
③霏微:迷濛的样子。
④雪衣:喻白色花朵。
⑤寒食:节令名。清明前一天(一说前两天)。相传晋介之推不愿赴官,抱木焚死,晋文公为了悼念他,定于这一天禁火吃冷食,故名"寒食"。花候:犹言花期。自小寒至谷雨共一百二十日,每五日为一候,计二十四候,每候应一种花信。例如小寒,一候梅花、二候山茶、三候水仙,等等。

木香花又名"七里香""十里香"。从这些名字,我们就可知道它是一种香味浓郁的花卉了。春末夏初,随着温暖的和风,这种沁心润腑的香气能一直飘得很远很远。

木香花系蔷薇科常绿攀援灌木,原产我国。它和蔷薇相似,枝条蔓生,长可达十多米之远。性喜温湿,可用扦插法或压条法繁殖,亦可用播种法,但后者繁殖的苗生长慢,得六七年才开花,故多不采用。经过培育,它已由单瓣培育出重瓣或半重瓣等品种。人们常用以搭成花架或花墙。它那白色或米黄色的花朵,随风摇曳,散发出阵阵浓香,确实令人甚感惬意。

木香花

木 香①

张 耒②

紫皇宝辂张珠幰③,玉女熏笼覆绣衾④。
万紫千红休巧笑,人间春色在檀心⑤。

【注释】

①此诗录自《柯山集附拾遗》卷六。
②张耒:见57页注②。
③紫皇:道家传说的神仙。《秘要经》:"太清九宫,皆有僚属,其最高者称天皇、紫皇、玉皇。"宝辂(lù):仙车。珠幰(xiǎn):用珠子串成的车幔。全句比喻木香花搭架的状态。
④玉女:仙女。绣衾:锦绣的被子。句喻花香。
⑤檀心:浅红色的花心。

霞芬馈木香花①

李慈铭②

细剪冰蘼屑麝胎③,双含风露落琼瑰④。
分明洗砚匀笺侧⑤,长见笼香翠袖来⑥。

【注释】

①此诗录自《越缦堂诗续集》卷七。馈:赠送。
②李慈铭(1830—1894),清代文学家。字㤇伯,号莼客,浙江会稽(今绍兴)人。光绪进士,官至山西道监察御史。室名越缦堂。著作有《越缦堂日记》《越缦堂词录》及《越缦堂诗》等多种。
③冰蘼:白色的蘼芜。蘼芜,香草名。屑麝胎:麝香的细末。以二物喻木香花香之浓郁。
④琼瑰:白色的美玉,喻花之美。
⑤匀笺:铺开纸笺。
⑥笼香:熏香用的熏笼。

石莲花

你见过这样的植物吗？它有着粉红色的花，而花也不算不美丽，但受人们喜爱的却不是花，而是它的叶。这就是石莲花。

你也许会认为石莲花一定是荷花的一种，其实不然。石莲花并非因花得名，而是因为它的叶片紧密排列，形状就像浅绿色的莲花宝座，故而得名。那紧密排列的叶片厚墩墩、水嫩嫩，宛如一片片绿宝石雕琢而成，因而也有人称它为"宝石花"。

石莲花属于仙人掌科肉质植物，原产墨西哥。性喜干燥，把它栽培于盆中，在室内能茂盛地生长。它的繁殖也很容易，在它的生长季节里，随意折取下叶片，插在稍湿润的土里，很快就能生根发芽，因而很受花卉爱好者的欢迎。

石 莲 花①

钱 起②

幽石生芙蓉③,百花惭美色。
远笑越溪女④,闻芳不可识。

【注释】

①此诗录自《钱考功集》卷一〇。
②钱起:见 215 页注②。
③幽石:僻静的山石。芙蓉:荷花,此指石莲花。
④越:此代指古越国一带的地方。

石 莲 花①

司空曙②

今逢石上生,本自波中有。
红艳秋风里③,谁怜众芳后。

【注释】

①此诗录自《全唐诗》卷二九二。
②司空曙:见 242 页注②。
③红艳:用作动词,开出红艳的花。

玉兰花原产我国,据载唐时已有栽植。系木兰科落叶乔木,枝条稀疏而粗壮,花芽特别明显,先花后叶,花瓣为九片。可用嫁接、扦插、压条或播种法繁殖。多用嫁接法,以辛夷花为砧木。性喜阳光,较耐寒,喜肥沃。玉兰还有一个变种,叫"紫花玉兰",其花外紫内白。

"霓裳片片晚妆新,束素亭亭玉殿春"。玉兰花是我国人民最喜爱的观赏花木之一。大型的花洁白如玉,柔媚淡雅。从俨若白莲的花中,溢发出醉人的清香,味似兰蕙而香远,因此人们都喜爱在庭院、公园栽植。

玉兰花不仅有很高的观赏价值,还有较高的经济价值。花瓣可熏茶或食用,种子可榨油,树皮、花蕾可入药,真可谓浑身是宝啊!

玉兰花

黄山玉兰①

方大治②

深谷名花何处移,森森玉树媚清漪③。

国香漫拟《猗兰操》④,秀色还同冰雪姿。

山气凝寒开独后,灵根穿石意偏奇。

与君采折充琼佩⑤,独笑傍人应未知⑥。

【注释】

①此诗录自《黄山志定本》卷六。
②方大治,明代人,其余未详。
③清漪(yī):清清水波纹。
④猗兰操:琴曲名。《乐府诗集》引《琴操》:"〔孔子〕自卫反鲁,隐谷之中,见香兰独茂,喟然叹曰:'兰当为王者香,今乃独茂,与众草为伍。'乃止车援琴鼓之,自伤不逢时,托词于香兰云。"遂名为《猗兰操》。
⑤充:充作,充当。琼佩:古人佩带的玉饰。
⑥傍人:别的人。

大风惜玉兰花①

赵执信②

池烟径柳漫黄埃③,苦为辛夷酹一杯④。

如此高花白于雪,年年偏是斗风开。

【注释】

①此诗录自《饴山堂集》卷一七。
②赵执信:见152页注②。
③漫黄埃:到处都是尘土,描写风大。

④辛夷:此花蕾亦名"辛夷",可入药。酹(lèi):把酒浇在地上,表示祭奠。

玉 兰①

孙星衍②

迎春开趁早春时,粉腻香温玉斫姿③。
容易阶庭长得见④,人从天上望琼枝⑤。

【注释】
①此诗录自《孙渊如诗文集·冶城遗集》。
②孙星衍:见9页注②。
③斫(zhuó):原为用刀斧砍,此引申谓雕琢,比喻玉兰花是用玉石雕琢而成的。
④容易:随意。长:经常。
⑤谓人站在台阶上看庭院中的玉兰,就像在天上看仙花。

虎丘僧舍玉兰①

王摅②

古树何年种③,名花净域开④。纷披映山阁⑤,烂熳傍经台⑥。素艳凌空出,残香拂袖回。泠泠钟磬里⑦,飘向下方来⑧。

【注释】
①此诗录自《芦中集》卷二。虎丘,在今江苏苏州市西北,相传吴王阖闾葬于此处。僧舍:寺庙。
②王摅(1636—1699),字虹友,清代太仓(今属江苏)人。工诗善文,为"娄东十子"之一,著作有《芦中集》。
③古树:玉兰寿命长,可达百年之上。

④净域:谓寺庙之地。因谓其为不受世尘污染的清净世界,故称。
⑤纷披:纷繁的样子。
⑥傍:依傍。经台:佛教徒诵经之台。
⑦泠泠(líng):形容声音清越。
⑧下方:指凡世,与"上方"相对。

芸香,这高雅的名字我们并不甚熟悉。可它在我国的历史却非常悠久。《礼记·月令》就有"仲春之月,芸始生"的记载,算来已有两千多年了。另外,从历史的记载还可以看出芸香在我国古人心目中的地位。如《洛阳宫殿簿》《晋宫阁名》都记载了宫殿前不仅植有芸香,而且面积都很大,最多甚至达到十二畦。不知因何原因,现在它的地位可以说是一落千丈了。

芸香,系芸香科多年生草本。叶羽状深裂或全裂。夏季开花,花虽小,可香味浓郁。据《群芳谱》曰:"此草香闻数百步外,栽园亭间,自春至秋,清香不歇绝。"因此,人们常把它栽于盆中,用它那沁人的香味来使人们心情舒悦。也有大面积种植的,因它的枝叶皆可提炼芳香油,用作调香原料。

芸香

芸　香①

王禹偁②

春冰薄薄压枝柯,分与清香是月娥③。
忽似暑天深涧底,老松擎雪白婆娑④。

【注释】

①此诗录自《渊鉴类函》卷四〇九。
②王禹偁:见4页注②。
③分与:分给。月娥:又称"嫦娥",神话传说月中的仙女。
④婆娑:形容枝条纷披。

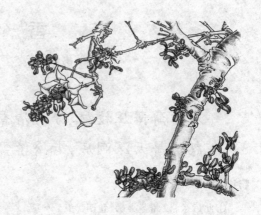

你见过这么一种有趣的花木吗?每到春天,不仅那柔嫩的枝条上绽开出一簇簇紫色或白色的花朵,就连那遒劲的老干上也挤拥着艳丽的花簇,真是新枝条韶华正好,老树干青春不老,新枝老干,争艳斗芳。这就是紫荆花,又名"满条红"。它可以激励青年人奋发向上,鼓舞老年人战斗不止。

紫荆花,系豆科落叶灌木或小乔木,原产我国。它性喜温暖,忌水涝和严寒。它也很容易繁殖,用播种、分株和压条等方法皆可。

紫荆花不仅可供观赏,树根树皮还可以入药,有活血行气、消肿止痛的功效。

紫荆

见紫荆花①

韦应物②

杂英纷已积,含芳独暮春③。
还如故园树,忽忆故园人④。

【注释】

①此诗录自《韦苏州集》卷八。

②韦应物(约737—约791),唐代诗人。京兆长安(今属陕西)人。少年时曾以三卫郎事玄宗,后历为滁州、江州、苏州刺史,故人称"韦江州"或"韦苏州"。著作有《韦苏州集》。

③含芳:谓开花。

④故园:即故乡。

"有女同车,颜如舜华",《诗经·郑风》这首诗中的"舜华",就是木槿花的别名,由此可见木槿花在我国的悠久历史了。因为它朝开暮落,瞬息而变,故名"舜花"。此花多为红色或紫色,故又名"朱槿""赤槿"。

木槿花为锦葵科落叶灌木,原产东亚,我国、朝鲜及日本都有栽培。朝鲜人民特别喜爱此花,称之为"无穷花",并把它定为自己的国花。

木槿花经过长期培育,无论花色还是花形都有许多品种,花色有纯白、米黄、粉红、紫红等多种,花形有单瓣、半重瓣及重瓣等多类。

木槿花

咏槿二首（选一）①

李 白②

园花笑芳年，池草艳春色。犹不如槿花，婵娟玉阶侧③。芬荣何夭促④，零落在瞬息。岂若琼树枝⑤，终岁长翕赩⑥。

【注释】

①此诗录自《李太白全集》卷二四。
②李白：见42页注②。
③婵娟：用作动词，美丽地开放。
④夭促：谓其寿命短暂急促。
⑤琼树：传说中的仙树。
⑥翕赩(xīxì)：形容花木茂盛貌。江淹《从冠军建平王登庐山香炉峰》："瑶草正翕赩，玉树信葱青。"吕向注："翕赩，葱青盛郁貌。"

题 槿 花①

戎 昱②

自用金钱买槿栽，二年方始得花开。
鲜红未许佳人看，蝴蝶争知早到来③。

【注释】

①此诗录自《全唐诗》卷二七〇。
②戎昱，唐代荆南（治今湖北江陵）人，至德间以文学登进士第，建中中官辰州、虔州刺史。
③争知：怎么知道。

槿　花①

崔道融②

槿花不见夕③,一日一回新。
东风吹桃李,须到明年春。

【注释】

①此诗录自《全唐诗》卷七一四。
②崔道融,唐代荆州(治今湖北江陵)人。以徵辟为永嘉令,累官右补阙。著作有《东浮集》。
③夕:傍晚。因木槿花朝开暮落,故云。

白　木　槿①

刘　诜②

洁比何郎白③,净如宝儿憨④。
秋风竹篱径,日莫道人庵⑤。

【注释】

①此诗录自《元诗选》二集。
②刘诜,字桂翁,元代庐陵(治今江西吉安)人。终身未官,在家教学,卒后门人谥文敏。著作有《桂隐集》。
③何郎:三国魏何晏。据载,他"美姿仪,面至白",人称为"傅粉何郎"。
④宝儿:隋炀帝时美人名。《隋异录》:"今得宝儿,方昭前事,然多憨态。"
⑤莫:"暮"之古字。

木 槿①

舒 颀②

爱花朝朝开,怜花莫即落③。颜色虽可人④,赋质无乃薄⑤?亭亭映清池,风动亦绰约⑥。仿佛芙蓉花,依稀木芍药⑦。炎天众芳凋,而此独凌铄⑧。慰目聊娱情⑨,苍松在岩壑。

【注释】

①此诗录自《元诗选》二集。
②舒颀,字道原,元代绩溪(今属安徽)人。至正官台州学正,后弃官归隐,著作有《贞素斋集》。
③怜:怜惜。莫:"暮"之古字。
④可人:使人满意。
⑤赋质:禀性资质。无乃薄:不是太浅薄了吗?
⑥绰约:形容姿容美好。
⑦依稀:意同"仿佛"。
⑧凌铄(shuò):形容美好茂盛。
⑨慰目聊娱情:犹赏心悦目。

"紫薇花开百日红,轻抚枝干全树动"。你可能看过艳红的紫薇花,可你知道这第二句诗的来历吗?原来紫薇花有一个奇趣的特点,它那光滑的枝干像玉石镂雕而成,人们见了,都不禁喜爱地去抚摸它一下。这时,你会发现,全树的枝条都会随之而摇,就像一位护痒的人被挠了腋下,全身都笑得发颤,人们为此而戏谑地称它为"怕痒树"。

紫薇花系千屈菜科落叶小乔木,原产我国。又名"满堂红""百日红"。经过多年培育,它早已摆脱了纯红色的单调,有了白、紫、紫中带蓝等多样花色。紫薇花的花期也很长,可以从夏到秋,开花不已,可算是公园、庭院里栽培供观赏的一个好品种。

紫薇花

见紫薇花忆微之①

白居易②

一丛暗淡将何比,浅碧笼裙衬紫巾③。
除却微之见应爱,人间少有别花人④。

【注释】

①此诗录自《全唐诗》卷四三九。微之:即唐诗人元稹,字微之。
②白居易:见24页注②。
③笼裙:即裙子,喻枝叶。紫巾:喻紫色花朵。
④一本作"人间少有惜花人"。别:鉴别。

甘露寺紫薇花①

孙　鲂②

蜀葵鄙下兼全落③,菡萏清高且未开④。赫日逆光飞蝶去⑤,紫薇擎艳出林来⑥。闻香不称从僧舍⑦,见影尤思在酒杯。谁笑晚芳为残岁⑧,便饶春丽已尘埃⑨。牵吟过夏唯忧尽⑩,立看移时亦忘回⑪。惆怅寓居无好地⑫,懒能分取一枝栽⑬。

【注释】

①此诗录自《分门纂类唐歌诗残本》卷五。
②孙鲂,字伯鱼,南唐南昌(今属江西)人。唐末郑谷避乱宜春,孙鲂从游,故其诗颇有郑谷风,曾官宗正郎。
③鄙下:卑微低下。兼:加之。

④清高:清秀高雅。
⑤赫日:红日。
⑥擎艳:引申谓开放出艳丽的花朵。
⑦不称:不适合,不适宜。
⑧晚芳:谓最后开放的花。
⑨便:即便,即使。句谓即使是艳丽的春花也已经化为尘土。
⑩牵吟:相继吟诵诗句。忧尽:担心夏天过去,花会凋落。
⑪移时:时间过去了。
⑫惆怅:因失望或失意而悲伤。寓居:寄住的地方。
⑬懒:怠惰。此以拟人法写寓居的土地怠惰而致使不能移栽紫薇花。

凝露堂前紫薇花两株每自五月盛开九月乃衰①

杨万里②

(一)

晴霞艳艳覆檐牙③,绛雪霏霏点砌沙④。
莫管身非香案吏⑤,也移床对紫薇花。

(二)

似痴如醉弱还佳,露压风欺分外斜⑥。
谁道花无红十日,紫薇长放半年花。

【注释】

①此诗录自《诚斋集》卷九。
②杨万里:见37页注②。
③覆:遮盖。檐牙:旧式瓦房的屋檐。
④绛雪:红色的雪花,喻紫薇花。霏霏:形容雨雪落下的样子。砌沙:台阶下的泥土。
⑤香案吏:掌管置放香炉台于案几之上以奉神灵的官吏。
⑥分外:格外。

百 日 红①

杨 慎②

李径桃蹊与杏丛③,春来二十四番风④。

朝开暮落浑堪惜,何似雕阑百日红⑤。

【注释】

①此诗录自《升庵全集》卷三四。
②杨慎:见142页注②。
③句泛指桃、李、杏等各种花卉。
④二十四番风:又称"二十四番花信风",亦简称"花信风",古谓应花期而来的风。由小寒到谷雨共八个节气,一百二十日,每五日为一候,计二十四候,每候对应一种花信。如小寒节三信为梅花、山茶、水仙。
⑤何似:犹哪如。雕阑:雕刻有花纹的栏杆。

紫藤又叫作"藤萝"。原产我国,朝鲜、日本也有分布。我国人民多爱在庭院中搭一花架,任其攀援。春暖花开之时,一串串淡紫色的大花从花架上垂下,似璎珞而较之有活力,像葡萄而比它更艳丽,别具一格,令人赏心悦目。

紫藤系豆科落叶藤本花卉,常见的种类有紫藤、多花紫藤和白花藤萝。其性喜阳,耐旱而不耐涝。主要用播种法繁殖,亦可用扦插或压条法。

紫藤的花可食用,根和种子还可杀虫。

紫藤

紫藤树①

李白②

紫藤挂云木③,花蔓宜阳春④。
密叶隐歌鸟⑤,香风留美人⑥。

【注释】

①此诗录自《李太白全集》卷二四。
②李白:见42页注②。
③挂云木:挂在云端的树上,极言紫藤攀援之高。
④阳春:温暖的春天。
⑤歌鸟:啼叫的鸟。
⑥一本作"香风流美人"。

紫藤①

白居易②

藤花紫蒙茸③,藤叶青扶疏④。谁谓好颜色,而为害有馀。下如蛇屈盘,上若绳萦纡⑤。可怜中间树,束缚成枯株。柔蔓不自胜,袅袅挂空虚。岂知缠树木,千夫力不如。先柔后为害,有似谀佞徒⑥。附著君权势,君迷不肯诛⑦。又如妖妇人,绸缪蛊其夫⑧。可怜怀人室,夫惑不能除。寄言邦与家⑨,所慎在其初。毫末不早辨⑩,滋蔓信难图⑪。愿以藤为戒,铭之于座隅⑫。

【注释】

①此诗录自《白居易集》卷一。
②白居易:见24页注②。
③蒙茸(róng):形容盛美的样子。
④扶疏:形容茂盛分披的样子。
⑤萦纡(yíngyū):盘回曲折。
⑥谀佞(yúnìng)徒:谄媚奉承他人的小人。
⑦诛:杀害,惩罚。
⑧绸缪(móu):形容情意缠绵。蛊(gǔ):蛊惑,迷惑。
⑨邦与家:国家和家庭。
⑩毫末:形容极微小的事物。
⑪滋蔓:滋生蔓延。《左传·隐公元年》:"无使滋蔓,蔓,难图也。"
⑫座隅:座位的一角。

扶桑为锦葵科常绿灌木或小乔木,原产我国,南方多分布。它花期长,六至十月可不断有花,因此也颇得人们喜爱。

扶桑又名"朱槿""佛桑""大红花""朱槿牡丹"。在我国栽培历史悠久,品种也较多,单瓣花形的有红、粉红、黄等色,重瓣花形的有红、桃红、黄等色,可谓色彩缤纷,艳丽之极。

扶桑性喜阳光、温暖、湿润,用扦插法繁殖。

扶桑不仅有绚丽的花可供观赏,其根、叶、花还都可入药,有消肿解毒、清热利尿之功效。

扶桑

扶　桑①

杨　方②

丰翘被长条③,绿叶蔽朱华。因风吐微音④,芳气入紫霞。我心羡此木,愿徙著吾家⑤。夕得游其下⑥,朝得弄其花⑦。

【注释】

①此诗录自《渊鉴类函》卷四〇六。
②杨方,字公回,晋代会稽(治今浙江绍兴)人。少好学,为小吏,后迁司徒参军事。欲闲居著述,请补高梁太守。著作有《五经钩沉》《吴越春秋》等。
③丰翘:丰茸翘秀,形容其美丽挺拔。被:通"披",下垂。
④劲风吹刮,枝条颤动发响,故云。
⑤徙(xǐ)原意为迁移,此引申谓移栽。著:引申谓栽种。
⑥游:游玩,游览。
⑦弄:引申谓把玩、欣赏。

佛　桑①

洪　适②

展叶柔桑沃③,装丛醉缬繁④。
定应西域到⑤,略不耐轻寒⑥。

【注释】

①此诗录自《盘洲文集》卷八。
②洪适:见36页注②。
③沃:润泽。《诗经·小雅·隰桑》:"其叶有沃。"句谓展开枝叶就像柔美的桑树叶一样润泽。
④醉缬:酒醉眼花所见到的星星点点。此喻指花朵。

⑤西域:汉以后对玉门关以西地区的总称。这是作者臆断,事实上扶桑原产我国。

⑥略不:一点也不。

夹竹桃

"合之如互体,杂物乃相挶(dié,义通摄);分之如两象,同德自相接。"清人全祖望的诗句,概括了夹竹桃的特点。因为夹竹桃叶似竹而花似桃,所以名之"夹竹桃",又有人认为叶似柳而花如桃,故而又名"柳叶桃"。

夹竹桃系夹竹桃科常绿灌木,原产热带亚洲,很早以前就已传入我国,现已成为各地广泛栽培的观赏植物了。现常见的花色有红、粉、黄、白等多种。

夹竹桃以压条或扦插法繁殖,性喜温暖湿润。人们把它栽植于庭院、公园之中,既可观常绿之叶、扶疏之丛,又可赏艳丽之花、闻沁人之香。因而颇得人们喜爱。

但应注意的是,夹竹桃的花、叶、树皮都有毒。可提取强心药剂,供医学之用。

夹竹桃花①

沈与求②

摇摇儿女花③,挺挺君子操④。一见适相逢,绸缪结深好⑤。妾容似桃萼⑥,郎心如竹枝。桃花有时谢,竹枝无时衰。春园灼灼自颜色⑦,愿言岁晚长相随。

【注释】

①此诗录自《宋诗钞·龟谿集补钞》。
②沈与求,字必先,宋代德清(今属浙江)人。政和进士,官御史中丞,迁吏部尚书兼翰林学士,后进知枢密院事。著作有《龟谿集》。
③摇摇:摇荡的样子,此形容桃花。儿女花:因《诗经》有《桃夭》篇,赞美男女婚姻,故称桃花为"儿女花"。
④挺挺:形容正直。操:风操。此谓竹子。因古人以竹喻君子之德,故云。
⑤绸缪:见298页注⑧。
⑥以下皆以拟人法描写夹竹桃。
⑦灼灼:形容色彩鲜明。

夹 竹 桃①

李开先②

阶下竹抽桃,雨余生意饶③。日留丹灼灼,风散箨萧萧④。鹦逐还疑蕊⑤,莺栖错认条⑥。但能长抱节⑦,何必太呈娇!

【注释】

①此诗录自《李开先集》卷二。
②李开先(1502—1568),明代戏曲家、文学家。字伯华,号中麓,章丘(今属山东)人。嘉靖进士,官至太常寺少卿,为"嘉靖八才子"之一。著作有《李开先集》。
③雨余:下雨之后。生意:生机。
④箂:同"绿"。萧萧:风吹草木之声。
⑤鹦:鹦鹉。谓鹦鹉还认为夹竹桃花是桃花而来啄吃。
⑥鸾:凤之一种。传说凤鸾专栖梧枝、食竹实,所以这里说其错认夹竹桃为竹了。
⑦但能:只要能够。抱节:谓胸怀气节。

房东夹竹桃花①

归有光②

奇卉来异境③,粲粲敷红英④。芳姿受命独⑤,奚假桃竹名⑥?昔来此花前,时闻步屟声⑦。今日花自好,兹人已远行。无与共幽赏⑧,长年锁空庭。昨来一启户,叹息泪纵横。

【注释】

①此诗录自《震川先生集》卷一〇。
②归有光(1507—1571),明代散文家。字熙甫,昆山(今属江苏)人,人称"震川先生"。嘉靖进士,官南京太仆寺丞,著作有《震川先生集》。
③异境:别的国家。此花原产热带亚洲,后传入我国,故云。
④粲粲:形容色彩鲜明。
⑤受命独:谓有自己独特的品质。
⑥奚假:何必借用。
⑦步屟(xiè):步履,脚步。
⑧幽赏:高雅的赏玩。

木棉花又名"攀枝花""英雄树""红棉",为木棉科落叶大乔木,树高可达三四十米。

产于我国福建、广东、广西、云南等地,越南、缅甸、印度及大洋洲等地亦有分布。

木棉花春日先叶开花。壮伟的枝干上,缀满大而红艳的花朵,远远望去,如火如荼,极为壮观。《花镜》曰:"花似山茶,开时殷红如锦。结实大如酒杯,絮吐于口。"这种纤维虽不能纺纱,但它耐压,不易被水浸湿,可作救生圈的填料和枕芯。我国南方人民尤其喜爱木棉花,广州市已正式把它定为自己的市花。艳美的木棉花在英雄的广州人民的辛勤培育下,一定会开得像他们的生活一样火旺。

木棉花

咏木棉花①

杭世骏②

目极牂牁木乱流③,低枝踠地入端州④。
最怜三月东风急,一路吹红上驿楼⑤。

【注释】
①此诗录自《湖海诗传》卷五。
②杭世骏,字大宗,号堇浦。清雍正二年(1724)举人。乾隆元年(1736)召试博学鸿词,授编修。著作有《道古堂集》。
③牂牁(zāngkē):古水名,即牂牁江。所指不一,一说即今北盘江,一说即今都江,此外还有今濛江、沅江、乌江等说。木乱流:形容两岸木棉花树多,影乱水流。
④踠地:弯弯曲曲低垂至地面。端州:州名,治所在今广东肇庆市。
⑤红:指木棉花。驿楼:古时供传递公文的人或来往官员暂住、换马的处所。

东山木棉花盛开坐对成咏(三首选一)①

丘逢甲②

亭亭十丈霭春烟③,冠岭真同火树燃④。
闰位群芳惭紫色⑤,交柯余焰烛丹渊⑥。
天扶赤运花应帝⑦,人卧朱霞梦亦仙⑧。
绝世英雄儿女气,不嫌绮绪更缠绵⑨。

【注释】
①此诗录自《岭云海日楼诗钞·选外集》。
②丘逢甲(1864—1912),又名仓海,字仙根,号蛰仙,又号仲阏,我国台

湾省的著名诗人,梁启超称他为晚清"诗界革命之钜子"。著作有《岭云海日楼诗钞》。

③霭:霭霭,形容云烟浓密。

④冠岭:覆盖山岭。

⑤闰位:旧谓非正统的帝位。《汉书·王莽传赞》:"紫色蛙声,馀分闰位。"此谓木棉花虽未经评选,也可居首位。

⑥烛:用作动词,照亮。丹渊:神话中的地名。阮籍《采薪者歌》:"日没不周西,月出丹渊中。"

⑦扶:扶持。赤运:谓红色的命运。一说赤代指五行中的火,揩火行的命运。全句大意是天道要是扶持红色,木棉花应居帝位。

⑧朱霞:红霞,喻花红似霞光。

⑨绮绪:美好的心情。缠绵:固结不解。

山茶花为原产我国、栽培历史悠久的名贵花卉之一。邓拓同志在《可贵的山茶花》一文里曾描写说:"她的粉红色花瓣,又嫩又润,恍惚是脂粉凝成的;衬着绿油油的叶子,又厚又有光泽,好像是用碧玉雕成的。"看了这段话,没见过山茶花的人也会被她的美深深打动。

山茶花属山茶科多年生常绿灌木或小乔木。花形有单瓣和重瓣两种,花色可谓五彩缤纷,有粉红、大红、紫色、白色,最名贵的还有金黄色。白的是"山茶白者色胜玉";红的则"焰寺烧丹赤,光增醉酒酡"。万紫千红,竞相争艳。再加之它的花期正值元旦、春节期间,为节日增添了浓烈的气氛,因而就更受到了人们的欢迎和喜爱。

山茶花

红 茶 花①

司空图②

景物诗人见即夸,岂怜高韵说红茶③。
牡丹枉用三春力④,开得方知不是花⑤。

【注释】

①此诗录自《全唐诗》卷六三三。
②司空图(837—908),唐代诗人、诗论家。字表圣,河中(今山西永济)人。咸通进士,官礼部郎中、中书舍人。后隐居中条山王官谷,自号知非子、耐辱居士。著作有《司空表圣文集》及后人所辑《司空表圣诗集》。
③高韵:高雅的风韵。
④三春:即春季,因春分早、中、晚三季,故云。
⑤谓牡丹开出的花和山茶花相比,牡丹花都不像花样。

山茶一树自冬至清明后着花不已①

陆 游②

东园三日雨兼风③,桃李飘零扫地空④。
惟有山茶偏耐久,绿丛又放数枝红。

【注释】

①此诗录自《陆游集》卷三二。
②陆游:见17页注②。
③东园:花园名,故址在今江苏仪征县东,欧阳修曾为之作记。
④扫地空:形容全都没有了。

山 茶①

归有光②

山茶孕奇质③,绿叶凝深浓。往往开红花,偏在白雪中。虽具富贵姿,而非妖冶容④。岁寒无后凋⑤,亦自当春风。吾将定花品⑥,以此拟三公⑦。梅君特素洁⑧,乃与夷叔同⑨。

【注释】

①此诗录自《震川先生集》卷一〇。
②归有光:见304页注②。
③孕:包含、孕含。
④妖冶:艳丽而不端庄。
⑤句谓岁寒山茶绿,经冬不凋。语本《论语·子罕》:"岁寒然后知松柏之后凋也。"
⑥花品:花的品第高下。
⑦拟:比拟,比作。三公:古时辅助国君掌管军政大权的最高官员。《书·周官》:"立太师、太傅、太保,兹惟三公,论道经邦,燮理阴阳。"后又以大司马、大司徒、大司空为三公。
⑧梅君:谓梅花。
⑨夷叔:即商末的伯夷、叔齐弟兄,二人互让王位,为古人标为恺悌之典范。此喻山茶和梅花可说是密不可分的弟兄。

山 茶①

文震亨②

似有浓妆出绛纱③,行光一道映朝霞④。
飘香送艳春多少,犹见真红耐久花。

【注释】

①此诗录自《天启崇祯两朝遗诗》卷八。
②文震亨,字启美,明代长洲(治今江苏苏州市)人。天启中以恩贡官中书舍人,顺治初绝食而死,谥节愍。著作有《长物志》。
③浓妆:指山茶花。绛纱:红色的纱幔。喻被山茶花映红的薄雾。
④行光:神采不灭的光辉。江淹《谢光禄郊游》诗:"行光自容裔,无使弱思侵。"张诜注:"神不灭曰行光。"

紫山茶①

全祖望②

曼陀方外花③,于法应衣紫④。署名曰都胜,力与牡丹齿⑤。暮山烟光凝⑥,悠然见天咫⑦。

【注释】

①此诗录自《鲒埼亭诗集》卷三。
②全祖望(1705—1755),清代史学家、文学家。字绍衣,人称"谢山先生",鄞县(今属浙江)人,乾隆进士,初为翰林,旋受权贵排斥,弃官归家,专心著述。著作有《鲒埼亭集》。
③一说山茶花即曼陀罗花,其实并非一物,实作者误也。参见"曼陀罗花"。
④于法:按照法则规定。衣:用为动词,穿着。
⑤力:尽力争取。齿:并列。
⑥语本王勃《滕王阁序》:"潦水尽而寒潭清,烟光凝而暮山紫。"
⑦天咫:咫尺之天。

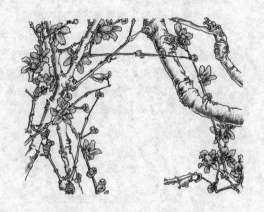

腊梅

"冷艳清香受雪知,雨中谁把蜡为衣",古人运用丰富的想象,给腊梅增添了绚丽的色彩。腊梅是深受我国人民喜爱的花木之一。因值农历腊月开花,故名"腊梅"。又因其花色似蜡,所以又写作"蜡梅",或名"黄梅"。

腊梅为腊梅科落叶灌木。花于一年生枝条叶腋处发出。先花后叶,具浓香,古人曾赞之曰,"一花香十里"。据《本草纲目》,此花分三种。"以子种出不经接者,腊月开小花而淡香,名狗蝇梅;经接而花疏,开时含口者,名磬口梅;花密而香浓,色深黄如紫檀者,名檀香梅,最佳"。其实,腊梅品种远不止三种,还有荷花梅、素心梅、虎蹄梅等。

腊梅以播种、扦插、分根、嫁接法繁殖均可。性喜阳光,耐旱,民间有"旱不死的腊梅,淹不死的柑桔"之说。

蜡　梅①

杨万里②

天向梅梢别出奇,国香未许世人知③。
殷勤滴蜡缄封却④,偷被霜风折一枝。

【注释】
①此诗录自《诚斋集》卷八。
②杨万里:见37页注②。
③国香:喻香之最上品。
④古时封缄公文或信件,即用滴蜡的办法。此喻蜡梅也像是用蜡封的。

荀秀才送蜡梅十枝奇甚为赋此诗①

陆　游②

与梅同谱又同时③,我为评香似更奇。
痛饮便判千日醉,清狂顿减十年衰④。
色疑初割蜂脾蜜⑤,影欲平欺鹤膝枝⑥。
插向宝壶犹未称,合将金屋贮幽姿⑦。

【注释】
①此诗录自《陆游集》卷四。
②陆游:见17页注②。
③同谱:谓腊梅与梅花同一家族。
④清狂:放逸不羁。
⑤蜂脾蜜:即蜂蜡,亦名"黄蜡"。因其色黄,故云。
⑥鹤膝枝:喻细屈的腊梅枝,因枝条细屈,宛如鹤之腿膝,故喻。
⑦金屋:典出《汉武故事》,汉武帝曾说:"若得阿娇作妇,当作金屋贮之也。"后即称为"金屋藏娇"。

小竹林蜡梅盛开兼赠主人①

袁宏道②

顿觉水沉粗③,幽香袭一湖④。瘦枝梅韵格,鲜蕊桂肌肤。月下高真梦⑤,烟中静女图⑥。主人无俗累⑦,花性也清孤。

【注释】

①此诗录自《袁宏道集笺校》卷三〇。
②袁宏道:见60页注②。
③水沉:见17页注⑥。粗:粗俗。
④幽香:清香。袭:犹言弥漫。
⑤高真:高洁真诚。皮日休《寒夜文宴润卿有期不至》诗:"草堂虚洒待高真,不意清斋避世尘。"
⑥静女:原为《诗经》中篇名,后泛指淑静之女,比喻惜梅。
⑦俗累:世俗的挂累、牵累。

黄梅次韵①

孙星衍②

密缀枝头半展时,才过小雪是花期③。
先春正色霜难压④,晚岁寒香菊未知⑤。
落叶有情同抱树⑥,夕阳无限在高枝。
两行金粉平分处⑦,却笑江梅破萼迟⑧。

【注释】

①此诗录自《孙渊如诗文集·冶城遗集》上卷。
②孙星衍:见9页注②。

③小雪:节令名,二十四节之一,每年大约在公历十一月二十二日或二十三日。
　　④先春:在春天到来之前。正色:古时以纯色为正色,两色相杂为间色,因腊梅纯黄,故云。
　　⑤晚岁:一年之末。因腊梅于农历腊月开花,故上句云"先春",此句云"晚岁"。
　　⑥因腊梅是先花后叶,故云。
　　⑦金粉平分:喻腊梅开花。
　　⑧江梅:梅花之一种。破萼:开花。

桂花

"桂花树开花可香着呢,十里八里都闻得到,一阵阵清香直往心里去"。国产故事片《乡情》中这段朴实感人的话,给人们留下了深刻的印象,桂花的馨香也仿佛深深地沁入了人们的心脾。

桂花,又名"梫""木犀""岩桂",是我国特产名花。系木犀科常绿灌木或小乔木,花腋生或顶生。虽貌不惊人,却具浓香。树的寿命长,可达数百年。人们不但爱在庭院中栽植,有的城市还在街道上种植做行道树。八月金秋,幽芳四溢,整个城市仿佛一片香海,惬意极了。

桂花还有较高的经济价值,早在战国时,我们的先人就用它浸酒,它还可以熏茶、作食物糕点的香料、提取香精或作中草药。此外,桂花的种类也很多,常见的有金桂、银桂、丹桂、月桂等。其性喜阳光,适应性强。可用播种、嫁接、扦插、压条等方法繁殖。

咏 桂①

范 云②

南中有八树③,繁华无四时④。
不识风霜苦,安知零落期!

【注释】

①此诗录自《渊鉴类函》卷四一六。
②范云,南朝梁人。字彦龙,仕齐历除尚书殿中郎,入梁为吏部尚书,封霄城县侯。
③南中:古地区名。相当今四川省大渡河以南和云南、贵州两省。八树:代指桂花树。典出《山海经·海内南经》:"桂林八树,在番隅东。"
④四时:即春、夏、秋、冬四季。

庐 山 桂①

白居易②

偃蹇月中桂③,结根依青天。天风绕月起,吹子下人间。飘零委何处④,乃落匡庐山⑤。生为石上桂,叶如剪碧鲜。枝干日长大,根荄日牢坚⑥。不归天上月,空老山中年。庐山去咸阳⑦,道里三四千。无人为移植,得入上林园⑧。不及红花树,长栽温室前。

【注释】

①此诗录自《白居易集》卷一。
②白居易:见24页注②。

③偃蹇(yǎnjiǎn)：夭娇屈曲。神话传说月中有桂树，故云。
④委：引申谓落。
⑤匡庐山：即庐山。据《庐山纪略》载，匡裕与仙共游此山，托室崖砒，后人故称"匡庐"。
⑥根荄(gāi)：草木的根。
⑦去：距离。咸阳：古都邑名，在今陕西咸阳市东北二十里。公元前350年，秦国迁都于此。
⑧上林园：亦为"上林苑"，秦旧苑，汉武帝扩建，周围至三百里。在今陕西西安、周至、户县界。

红 桂 树①

李德裕②

欲求尘外物③，此树是瑶林④。后素合馀绚⑤，如丹见本心。妍姿无点辱，芳意托幽深⑥。愿以鲜葩色⑦，凌霜照碧浔⑧。

【注释】

①此诗录自《全唐诗》卷四七五。
②李德裕(787—850)，字文饶，唐代赵郡(治今河北赵县)人。历任浙西观察使、西川节度使等职。为牛李党争中的李派首领，后遭牛派打击，贬崖州司户而卒。著作有《次柳氏旧闻》《会昌一品集》。
③尘外物：即尘世以外之物，仙物。
④瑶林：传说中的仙树。
⑤后素：指花外面素雅。作者原注曰："此树白花红心。"
⑥幽深：代指幽远僻静之地。
⑦鲜葩(pā)：鲜花。
⑧碧浔(xún)：碧绿的溪水。

次韵蔡瞻明木犀八绝句(选二)①

洪　适②

谁为花王定等差③,清芬端合佩金犀④。
上林他日移根去⑤,应记诗仙彩笔题⑥。

风流直欲占秋光,叶底深藏粟蕊黄⑦。
共道幽香闻十里,绝知芳誉亘千乡⑧。

【注释】
①此诗录自《盘洲文集》卷二。
②洪适:见36页注②。
③等差:等级差别。
④端合:正应该。金犀:即桂花。
⑤上林:即上林苑,详见318页注⑧。
⑥诗仙:谓唐代诗人李白,李白曾写《咏桂二首》诗。
⑦粟蕊:桂花蕊小且黄如粟,故称。
⑧芳誉:美好的名声。亘(gèn):横贯。千乡:极言地域广大。

月　桂　花①

朱　松②

窗前小桂丛,著花无旷月③。月行晦朔周④,一再开复歇。初如醉肌红⑤,忽作绛裙色。谁人相料理,耿耿自开落⑥。有如贫家女,信美乏风格⑦。春风木芍药,秋艳倾一国。芳根维无恙⑧,岁晚但枯枿⑨。

【注释】

①此诗录自《宋诗钞·韦斋诗钞》。
②朱松,字乔年,徽州婺源(今属江西)人。中进士第,除秘书省正字,累官司勋吏部郎。因反对秦桧议和,出知饶州,未赴卒。学者称之"韦斋先生"。著作有《韦斋集》。
③无旷月:没有空缺一个月,言其每月都开花。
④晦朔:晦为阴历月终,朔为阴历月初,合称谓一个月。周:周遭,周而复始。
⑤醉肌:酒后微微发红的皮肤。
⑥耿耿:形容其忠诚守信。
⑦信:真正,确实。
⑧维:句中语助词,无实意。无恙:没有毛病。
⑨枯枿(niè):干枯的树木。此指芍药花。

桂①

唐孙华②

高秋金粟正离离③,攒植成林得地宜。
黄绽早先篱菊信,碧寒仍带碉松姿。
闻香不辨谁家树,落子疑从上界移④。
竞说国书方荐士⑤,何人折取郤诜枝⑥。

【注释】

①此诗录自《东江诗钞》卷七。
②唐孙华,字实君,别号东江,清代太仓(今属江苏)人。康熙进士,选朝邑知县,迁礼部主事,后因事罢归。著作有《东江诗钞》。
③高秋:秋日天高气爽,故称。金粟:喻桂花。
④上界:犹天界。道教、佛教称仙佛所居之地。此处因传说月中有桂,故云。
⑤竞说:争相解说。国书:犹言本国的历史。荐士:荐举有才识之士。
⑥郤诜:晋人,字广基,博学多才,据《晋吏》载,郤诜对策第一,于是说"臣举贤良对策第一,犹桂林之一枝"。后即谓应试及第为"折桂"。

　　碧桃是桃的一个变种,它生活在世界上,不是为了向人们贡献甜美的果实,而是把五彩缤纷的鲜花捧出来让人们欣赏。它种类繁多,色彩斑斓,花容娇艳。难怪宋代诗人秦观在一首词中就写道:"碧桃天上栽和露,不是凡花数。"不是凡花,是仙卉,既是仙卉落世,当然备受世人的喜爱了!

　　碧桃原产我国,为蔷薇科落叶小乔木,一般于三月开花,多不结果。它性喜阳光,而耐寒性也强。它有好多品种,如红碧桃、粉碧桃、白碧桃、花碧桃等。红碧桃娇红艳美,粉碧桃如酡颜醉肌,白碧桃清新淡雅,花碧桃则红白辉映……所以人们说,碧桃是观赏桃中最优美的品种。

碧桃花

碧 桃 花①

张弘范②

应是玄都观里仙③,为嫌白淡厌红蔫。

故栽一种新颜色,疑是飞仙坠翠钿④。

【注释】

①此诗录自《元诗选》二集。

②张弘范(1238—1280),字仲畴,元代定兴(今属河北)人。世宗时任蒙古汉军都元帅,曾督兵侵宋。著作有《淮阳集》。

③玄都观:观名。故址在今陕西长安南旧崇宁坊。据《长安志》载,隋自长安徙通道观于此,改名"玄都"。唐刘禹锡《元和十年自郎州承召至京,戏赠看花诸君子》诗有"玄都观里桃千树,尽是刘郎去后栽"句。

④翠钿:古时妇女首饰的一种,比喻碧桃花。

神光寺看碧桃花①

许 友②

城头二月绿苔侵,为讯桃花野寺寻③。

半树香分疏竹影,数株白近古松阴。

蝶心荡漾春高下,鸠语浮沈雨浅深④。

蔬笋偶然无酒禁⑤,醉归清梦恋空林⑥。

【注释】

①此诗录自《晚晴簃诗汇》卷一六。

②许友,字有介,又名眉,字介寿,清代侯官(治今福建福州)人。著作有《米友室集》。

③讯:问讯,探寻。

④鸠语:据说鸠鸣可以占晴雨。《埤雅》:"鸠,阴则屏逐其妇,晴则呼之,语曰:'天欲雨,鸠逐妇;既雨,鸠呼妇。'"
⑤酒禁:不让喝酒的禁令。
⑥清梦:清静安宁的梦。

桃 原产我国,系蔷薇科落叶小乔木。它品种很多,据说现在全世界约有三千多种,我国也有三百多种。山东肥城桃、上海水蜜桃、肥城佛桃、深州蜜桃等都是桃中优良品种。

我国人民对桃有特殊的兴趣,早在三千年前的《诗经·周南·桃夭》里就有"桃之夭夭,灼灼其华(花)"的优美诗句,自后历代文人雅士,几乎无不有咏桃之佳作。直到今天,人们还常用"桃红柳绿"来形容明媚的春光。名山大川中,许多都有桃之胜景处,如五台山桃源洞、华盖山桃花圃、黄山桃花峰、苏州桃花坞……每到阳春,那妖冶艳美的桃花,在祖国各地争芳吐艳,把神州大地装点得分外妖娆。

桃花

大林寺桃花①

白居易②

人间四月芳菲尽③,山寺桃花始盛开。

长恨春归无觅处,不知转入此中来。

【注释】

①此诗录自《白居易集》卷一六。大林寺:为庐山三大名寺(西林寺、东林寺、大林寺)之一。

②白居易:见24页注②。

③芳菲:代指百花。

千叶桃花①

杨 凭②

千叶桃花胜百花,孤荣春晚驻年华③。

若教避俗秦人见,知向河源旧侣夸④。

【注释】

①此诗录自《全唐诗》卷二八九。

②杨凭,字虚受,唐代弘农(治今河南灵宝北)人。与弟凝、凌皆工文辞,时称"三杨"。大历中擢进士第,官至京兆尹,后贬临贺府,迁杭州长史,以太子詹事卒。

③孤荣:谓别的花都凋落了,只此一花独开。驻:停留。年华:谓时光。

④晋陶渊明在《桃花源记》中写一群人因避秦乱而入桃花源之事,故云。

桃　　花①

文　同②

种近短墙边,开临小槛前③。倚风无限意,笑日有余妍。枝软围深密,苞秾堕碎圆④。只应芳树下,时见武陵山⑤。

【注释】
①此诗录自《丹渊集》卷六。
②文同:见36页注②。
③槛:栏杆。
④苞秾:花朵浓艳。碎圆:指坠落地上的花瓣。
⑤武陵山:原为山名,为贵州苗岭的一支。此暗用《桃花源记》之典,其文写武陵捕鱼人,缘溪而行,忽逢桃花源一事。

桃　　花①

沈荣俊②

柳暗花城梦不通,谁家姊妹倚东风③。凭伊几点清明雨④,催出新妆试小红。

【注释】
①此诗录自《清诗别裁》卷二九。
②沈荣俊,字谦之,清代归安(今属浙江)人,乾隆丙辰(1736)举人。
③姊妹:晋时有姊妹二人,一名"桃叶",一名"桃根",故合称代指桃树。
④凭:依靠。清明:节令名,二十四节气之一。

白桃花次韵①

孙星衍②

也从萼绿证仙因③,好与梨花作近邻。

照水已非前度影④,和云莫辨去时津⑤。

懒回素面朝天阙⑥,罢舞霓裳对月轮⑦。

五日清风三日雨,为他洗净软红尘⑧。

【注释】

①此诗录自《孙渊如诗文集·冶城遗集》上卷。
②孙星衍:见9页注②。
③仙因:引申谓良好的根柢,仙种。
④前度:以前。
⑤和云:与白云搅和在一起,形容花白。津:原指渡口,此泛指路径。
⑥素面:未施脂粉的面孔。天阙:代指天宫。典出《杨太真外传》:"封大姨为韩国夫人,三姨为虢国夫人,八姨为秦国夫人,同日拜命,皆月给钱十万为脂粉之资,然虢国不施妆粉,自炫美艳,常素面朝天。"
⑦霓裳:见92页注⑧。月轮:月亮。
⑧软红:形容柔美的红色。

"借问酒家何处有,牧童遥指杏花村"。杏花是深受我国人民喜爱的果木花,别的不说,仅以杏花命名的"杏花村",就遍及安徽、山西、河北、河南、山东、吉林、江苏等省。这足以表明我国人民喜爱之极了。

杏花为蔷薇科落叶乔木,原产我国,由于它适应性强,故各地都有栽培。据《花镜》载,"杏花有二种,单瓣与千瓣"。淡红色的花朵柔美宜人,尤其是它开于春季,给明媚的春光更添生意。"春色满园关不住,一枝红杏出墙来",不正是形象生动的描写吗?

杏花可以播种或嫁接法繁殖。性耐寒、喜光、抗旱。其果可生食,核仁还可食用、榨油或入药。

杏花

杏　花①

庾　信②

春色方盈野,枝枝绽翠英。依稀映村坞③,烂熳开山城。好折待宾客,金盘衬红琼④。

【注释】

①此诗录自《庾子山集注》卷四。
②庾信(513—581),北周文学家。字子山,南阳新野(今属河南)人。初仕梁,后出使西魏,值西魏灭梁,被扣。历仕西魏、北周,官至骠骑大将军,开府仪同三司,世称"庾开府"。著作有后人所辑《庾子山集》。
③村坞:泛指山乡村庄。
④红琼:喻杏花宛如红色玉石。

杏　花①

温庭筠②

红花初绽雪花繁,重叠高低满小园。
正见盛时犹怅望③,岂堪开处已缤翻④。
情为世累诗千首⑤,醉是吾乡酒一尊⑥。
杳杳艳歌春日午⑦,出墙何处隔朱门⑧。

【注释】

①此诗录自《温飞卿诗集笺注》卷九。
②温庭筠(812?—866),唐代诗人、词人。原名歧,字飞卿,太原(今属山西)人。文思敏捷,每入试,押官韵,八叉手而成八韵,时号"温八叉"。著作有后人所辑《温庭筠诗集》。
③怅望:怅然怀想。

④缤翻:烂漫缤纷。
⑤世累:尘世牵累。
⑥尊:同"樽",盛酒具。
⑦杳杳:形容幽远。
⑧朱门:代指豪绅权贵之家。

杏　花①

吴　融②

春物竞相妒,杏花应最娇。红轻欲愁杀,粉薄似啼销③。愿作南华蝶④,翩翩绕此条⑤。

【注释】

①此诗录自《全唐诗》卷六八六。
②吴融:见117页注②。
③此句谓淡淡的白色像泪水洗去了粉妆。
④南华蝶:唐时号庄子为"南华真人",因其著《南华经》而得名。庄子曾梦自己变成了蝴蝶,故云。
⑤翩翩:欣喜自得地飞翔。

杏　花①

林　逋②

蓓蕾枝梢血点干,粉红腮颊露春寒③。
不禁烟雨轻欹着,只好亭台爱惜看。
隈柳旁桃斜欲坠④,等莺期蝶猛成团⑤。
京师巷陌新晴后⑥,卖得风流更一般⑦。

【注释】

①此诗录自《林和靖诗集》卷二。
②林逋:见14页注②。
③腮颊:脸颊。
④隈:通"偎",偎依。旁:通"傍",依傍。
⑤等、期:盼望期待。
⑥京师:京都。巷陌:泛指大街小巷。
⑦更一般:另一种,又一样。一本作"更一端"。

和梅圣俞杏花①

欧阳修②

谁道梅花早,残年岂是春③!
何如艳风日④,独自占芳辰⑤。

【注释】

①此诗录自《欧阳文忠公文集》卷五六。梅圣俞:即梅尧臣,字圣俞。
②欧阳修:见87页注②。
③残年:一年的末尾。因梅花开于冬,故云。
④艳:用作动词,使景色更艳美。风日:犹风月,谓美好的景色。
⑤芳辰:谓春日的风光。

杏花杂诗①

元好问②

袅袅纤条映酒船③,绿娇红小不胜怜④。
长年自笑情缘在⑤,犹要春风慰眼前。

【注释】

①此诗录自《元诗别裁》卷八。

②元好问(1190—1257),金文学家。字裕之,号遗山,秀容(今山西忻县)人。祖系出自北魏拓跋氏。兴定进士,曾任行尚书省左司员外郎等职。金亡不仕。著作有《遗山集》,编有《中州集》。

③纤条:纤细的枝条。

④不胜怜:非常可爱。怜:可爱。

⑤情缘:谓情趣机缘。

梨花

梨花,这美丽的花,以它特有的韵致,在人们的心目中留下了美好的印象,人们历来就把它看作是素美的楷模、清雅的典范。"千花万花不甚爱,只有梨花白恼人",爱之可谓深笃;《礼记》《庄子》《山海经》里都有关于梨的记载,历史可谓悠久;"处处梨花发,看看燕子归"。栽培地区亦可谓广泛矣。

梨花为蔷薇科落叶灌木,又名"快果""蜜父""果宗""玉乳"。它的品种繁多,晋葛洪在《西京杂记》里就载曰:"上林苑有紫梨、青梨、大谷梨、细叶梨、紫条梨、瀚海梨。"晋时其品种已有如此之多,那么现在更是可想而知了。梨花并非全是白色,也有少数为红色。春风一吹,白的如雪,红的如血,真是红装素裹,分外妖娆!

梨　花①

钱　起②

艳静如笼月,香寒未逐风。
桃花徒照地③,终被笑妖红④。

【注释】

①此诗录自《钱考功集》卷一〇。
②钱起:见215页注②。
③徒:枉自。
④妖红:妖艳的红色。

千叶红梨花①

欧阳修②

红梨千叶爱者谁?白发郎官心好奇③。徘徊绕树不忍折,一日千币看无时④。夷陵寂寞千山里⑤,地远气偏时节异。愁烟苦雾少芳菲⑥,野卉峦花斗红紫⑦。可怜此树生此处,高枝绝艳无人顾⑧。春风吹落复吹开,山鸟飞来自飞去。根盘树老几经春,真赏今才遇使君⑨。风轻绛雪樽前舞,日暖繁香露下闻。从来奇物产天涯,安得移根植帝家⑩!犹胜张骞为汉使⑪,辛勤西域徙榴花⑫。

【注释】

①此诗录自《欧阳文忠公文集》卷一。

②欧阳修:见87页注②。

③郎官:汉代称郎中、侍郎为"郎官"。唐以后称"郎中员外",亦泛指皇帝左右亲近的高级官员,欧阳修曾官枢密副使、参知政事,故自称。

④币(zā):同"匝",围绕一周。

⑤夷陵:地名,在今湖北省宜昌市东南。

⑥愁烟苦雾:为全都笼罩在烟雾之中而愁闷苦恼。

⑦野卉峦花:泛指各种野花。

⑧绝艳:形容绝等艳美。顾:看,引申谓光临观赏。

⑨使君:泛指州郡长官。欧阳修因反对王安石变法,曾出知滁州,故自称。

⑩帝家:此指帝王的园囿。

⑪张骞:西汉时人,曾于建元二年(公元前139年),元狩四年(公元前119年)两次出使西域,促进了汉朝与中亚各地的经济文化的交流和发展。

⑫西域:见301页注⑤。榴花:此代指石榴,据传,石榴是张骞从西域带回汉的。

梨　　花(三首选一)①

陆　游②

粉淡香清自一家③,未容桃李占年华④。

常思南郑清明路⑤,醉袖迎风雪一枝⑥。

【注释】

①此诗录自《陆游集》卷六六。

②陆游:见17页注②。

③自一家:自成一家,形容其独具风格。

④年华:原为时光,此引申指春光。

⑤南郑:县名。在今陕西省西南部、汉江上游,邻接四川省。

⑥雪一枝:一树雪,此喻满树梨花。

梨 花①

元好问②

梨花如静女③,寂寞出春暮。春工惜天真④,玉颊凝风露。素月淡相映⑤,萧然见风度⑥。恨无尘外人⑦,为续雪香句。孤芳忌太洁,莫遣凡卉妒。

【注释】

①此诗录自《渊鉴类函》卷四〇〇。
②元好问:见 332 页注②。
③静女:见 314 页注⑥。
④天真:谓单纯而不受尘垢所污。
⑤素月:银色的月光。
⑥萧然:形容幽静的样子。风度:风韵格度。
⑦尘外人:谓脱离世俗之心的人。

梨 花①

吴承恩②

千花万花不甚爱,只有梨花白恼人③。
肠断当年携酒地,一株香雪媚青春④。

【注释】

①此诗录自《吴承恩诗文集》卷一。
②吴承恩(1500?—1582?),明代小说家。字汝忠,号射阳山人,山阳(今江苏淮安)人。科举中屡遭挫折,嘉靖中补贡生,嘉靖末隆庆初任浙江长兴县丞。晚年绝意仕进,专意著述,写出著名长篇小说《西游记》,著作还有

《射阳山人存稿》等。

③恼人:引逗人,撩拨人。

④香雪:喻既白且香的梨花。青春:指春季,因春季草木一片青绿,故称。《楚辞·大招》:"青春受谢,白日昭只。"

李花系蔷薇科落叶乔木。原产我国的李,叶片和花梗光滑无毛,一个花芽中通常有二至三朵花。李的品种也很多,常见的有木李、御黄、均李、麦李等优良品种。

"谁将平地万堆雪,剪刻作此连天花"。形象逼真的比喻,写出了李花如雪之白,素静宜人的风貌。我国人民历来就欣赏它的洁白,钦敬它的高雅,把它结出的果实作为友谊和爱情的象征来赠送朋友或心上人。《诗经·大雅·抑》里不就有"投我以桃,报之以李"的诗句吗?

李花

李花二首(选一)①

韩 愈②

当春天地争奢华③,洛阳园苑尤纷拏④。谁将平地万堆雪,剪刻作此连天花。日光赤色照未好,明月暂入都交加⑤。夜领张彻投卢仝⑥,乘云共至玉皇家⑦。长姬香御四罗列,缟裙练帨无等差⑧。静濯明妆有所奉⑨,顾我未肯置齿牙⑩。清寒莹骨肝胆醒⑪,一生思虑无由邪⑫。

【注释】

①此诗录自《全唐诗》卷三四〇。
②韩愈(768—824),唐代文学家、哲学家。字退之,河南河阳(今河南孟县南)人。自谓郡望昌黎,世称"韩昌黎"。贞元进士,任监察御史,以事贬为阳山令。赦还后,曾任国子博士、刑部侍郎等职。又因谏阻宪宗迎佛骨,贬为潮州刺史。后官至吏部侍郎。为"唐宋八大家"之首,著作有《昌黎先生集》。
③奢华:原为奢侈豪华,此引申谓繁华茂盛。
④园苑:泛指花园。纷拏(ná):当为"纷挐",原形容纷乱,此引申谓繁茂。
⑤交加:形容月光和李花都交融在一起了。
⑥张彻:韩愈的门下士,官幽州节度判官,军乱,骂贼而死。卢仝:据《新唐书·卢仝传》载,卢仝居东都,韩愈为河南令,韩愈爱其诗,厚礼之。
⑦此句大意是在李树下欣赏花,就像身入仙境。此句本《庄子》:"乘彼白云,至于帝乡。"
⑧缟裙:白色裙子。练帨(shuì):白色头巾。等差:差别等级。
⑨明妆:鲜丽的妆饰。
⑩此句谓对我是不足挂齿。
⑪醒:由清醒引申谓明白、清白。
⑫无由邪:没有邪恶的思想。

李花①

李商隐②

李径独来数,愁情相与悬。自明无月夜③,强笑欲风天④。减粉与园箨⑤,分香沾渚莲⑥。徐妃久已嫁⑦,犹自玉为钿。

【注释】

①此诗录自《玉谿生诗集笺注》卷二。
②李商隐(813?—858?),唐代诗人,字义山,号玉谿生,怀州河内(今河南沁阳)人。开成进士,曾任县尉、秘书郎和东川节度使等职。因受牛李党争影响,被人排挤,潦倒终身。著作有《玉谿生诗集》等。
③此句谓李花雪白,虽无月光映照也明晰可见。
④强(qiǎng)笑:勉强地笑。因风会把花吹落,故云。
⑤园箨(tuò):园中的竹笋壳。
⑥渚莲:水中的荷花。
⑦徐妃:即梁元帝妃徐氏,亦称徐娘。《南史·后妃传下》:"徐娘虽老,犹尚多情。"后因以泛指年老而尚有风韵的女性。

李①

苏 轼②

不及梨英软③,应惭梅萼红。
西园有千叶④,淡伫更纤秾⑤。

【注释】

①此诗录自《苏轼诗集》卷三。
②苏轼:见6页注②。
③软:柔弱。

④作者自注曰:"城西有千叶李,如荼蘼。"
⑤淡伫:淡雅明净。更:和。纤秾:形容花细小而色秾郁。

汤田早行见李花甚盛二首①

杨万里②

（一）

此地先春信③,年年只是梅。
南中春更早④,腊日李花开⑤。

（二）

似妒梅花早,同时斗雪肤。
新年三二月,还解再看无⑥?

【注释】

①此诗录自《诚斋集》卷一七。
②杨万里:见37页注②。
③先春信:最先报告春天信息。
④南中:见317页注③。
⑤腊日:旧时腊祭的日子。汉代以冬至后第三个戌日为腊日,后改为农历十二月初八。
⑥还解:犹还能,能不能。

"**绿**叶裁烟翠,红英动日华"。石榴花的特点好像就是一个"红"字。它红得像火,"日烘丽萼红萦火,雨过柔条绿喷烟"。它又红得如玉,"薰风四月浓芳歇,红玉烧枝拂露华"。真乃红得撩人,红得可爱,"五月榴花照眼明"。

石榴属石榴科落叶灌木或小乔木,原产伊朗及阿富汗等中亚地区。因汉使张骞从西域得其种而归,故又名"安石榴","何年安石国,万里贡榴花"的诗句,就记述了这件事。石榴除"安石榴"的别名以外,还有"丹若""沃丹""金罂""天浆"等别称。

说石榴花红艳,其实,它并非全为红色,经过多年培育,除红色外,还有粉红、纯白、杏黄、玛瑙诸色,花开时节,各呈异彩,真是五彩斑斓的仙界,给人以炫目耀眼的神奇!

石榴花

咏山榴①

沈 约②

灵园同佳称,幽山有奇质③。停采久弥鲜④,含华岂期实⑤。长愿微名隐⑥,无使孤株出。

【注释】
①此诗录自《沈隐侯集》卷二。
②沈约:见34页注②。
③奇质:特殊之物。
④停:引申谓聚集。采:通"彩",光彩。弥:更加。
⑤句谓开花可赏而并不是为了结果。
⑥微名:卑微之名,指石榴。

咏邻女东窗海石榴①

李 白②

鲁女东窗下③,海榴世所稀。珊瑚映绿水④,未足比光辉⑤。清香随风发,落日好鸟归。愿为东南枝,低举拂罗衣。无由一攀折⑥,引领望金扉⑦。

【注释】
①此诗录自《李太白全集》卷二四。海石榴:石榴的一个异种,据《花经》和《本草纲目》载,花蒂均作赤色,花蕊呈蜜黄色,"高一二尺即结实"。
②李白:见42页注②。
③鲁:古国名,在今山东省西南部。
④晋潘岳《安石榴赋》中有"似长离之栖邓林,若珊瑚之映绿水"句。

⑤未足:不能。
⑥无由:没有机会,没有门路。
⑦引领:伸长脖子。金扉:饰有金色花纹的门窗。

山石榴①

杜 牧②

似火山榴映小山,繁中能薄艳中闲③。
一朵佳人玉钗上④,只疑烧却翠云鬟⑤。

【注释】
①此诗录自《樊川诗集注》卷三。
②杜牧:见73页注②。
③闲:通"娴",文雅静美。句谓石榴花繁中有疏,艳而不夭。
④玉钗:古时妇女首饰的一种。句谓石榴花戴在美女的头上。
⑤翠云鬟:形容浓密如云的头发。

山石榴花①

施肩吾②

深色胭脂碎剪红,巧能攒合是天公③。
莫言无物堪相比④,妖艳西施春驿中⑤。

【注释】
①此诗录自《全唐诗》卷四九四。
②施肩吾,唐代道士。字希圣,号东斋,睦州分水(今浙江桐庐西北)人。元和进士,后隐于洪州西山修道,世称"华阳真人"。著作有《太白经》《黄帝阴符经解》及诗集《西山集》等多种。
③攒合:聚集。天公:见113页注④。
④白居易《山石榴花十二韵》中有"烨烨复煌煌,花中无比方"句,此反其

意而云。
　　⑤西施：春秋末年越国美女，被越王献给吴王，成为吴王宠妃。

千叶石榴花①

子　兰②

　　一朵花开千叶红③，开时又不藉春风。
　　若教移在香闺畔④，定与佳人艳态同。

【注释】
　　①此诗录自《全唐诗》卷八二四。
　　②子兰，唐代人，昭宗时官文章供奉，其余未详。
　　③句谓一朵花就映红了千叶，极言花红之甚。
　　④香闺：古称女性居住的地方。畔：旁边。

题　榴　花①

朱　熹②

　　五月榴花照眼明，枝间时见子初成③。
　　可怜此地无车马，颠倒苍苔落绛英④。

【注释】
　　①此诗录自《千家诗》。
　　②朱熹：见271页注②。
　　③子初成：谓刚刚结果。
　　④颠倒：纷乱的样子。

榴　花①

张弘范②

猩血谁教染绛囊③,绿云堆里润生香④。

游蜂错认枝头火,忙驾薰风过短墙⑤。

【注释】

①此诗录自《元诗选》二集。
②张弘范:见322页注②。
③猩血:猩猩的血,古谓猩血色最红。
④绿云堆:喻茂密的绿叶。
⑤薰风:和煦的风。因蜂性畏火,故云。

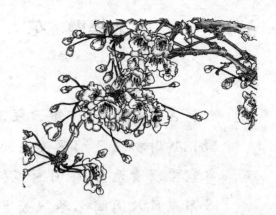

樱桃花的果实既是人们喜爱的果品,也可供观赏,人们喜爱它鲜红润泽,玲珑剔透。因而古时常喻美人之口为"樱口""樱唇"。然而樱桃花更是供观赏的美花。

樱桃系蔷薇科落叶灌木或小乔木。花先叶而开,花蕾红色,开后花冠白色或略带红色,细细欣赏,颇有"舞空柔弱看无力,带月葱茏似有情"之感。

樱桃性喜光,要求一定的大气湿度,适于沙壤土或壤土生长。多用分株及嫁接法繁殖,不易成活,故民间有"樱桃好吃树难栽"之说。

据《花镜》载,此花别名甚多。如"一名楔,又有荆桃、含桃、崖蜜、蜡樱、朱英、麦英数名"。

樱桃花

北楼樱桃花①

李 绅②

开花占得春光早,雪缀云装万萼轻。

凝艳拆时初照日③,落英频处乍闻莺④。

舞空柔弱看无力,带月葱茏似有情⑤。

多事东风入闺闼⑥,尽飘芳思委江城⑦。

【注释】

①此诗录自《全唐诗》卷四八一。
②李绅:见190页注②。
③凝艳:凝集着的艳美,此指花苞。拆:开放。
④据说莺雀特别爱啄樱桃,故云。
⑤葱茏:青翠茂盛的样子。
⑥闺闼(tà):闺房的门,指女性居住之所。
⑦芳思:赏花的想法、愿望。江城:指江州城。李绅曾官江州长史。

樱 桃 花①

范成大②

借暖冲寒不用媒,匀朱匀粉最先来③。

玉梅一见怜痴小④,教向旁边自在开。

【注释】

①此诗录自《石湖居士诗集》卷一七。
②范成大:见127页注②。
③匀朱匀粉:喻红花及白花。
④玉梅:称白色梅花。

樱桃花①

方 回②

浅浅花开料峭风③,苦无妖色画难工④。

十分不肯精神露⑤,留与他时著子红⑥。

【注释】

①此诗录自《元诗选》初集。
②方回,字万里,别号虚谷,元代歙县(今属安徽)人。宋时官知严州,降元后官建德路总管,后罢官,游于杭歙之间,著作有《桐江集》。
③料峭:形容春天的微寒。
④妖色:艳美的色彩。工:精致,精美。
⑤十分:犹全部。精神:精力,活力。
⑥著子:结出果实。

樱桃花①

姚 燮②

华灯素月球③,残梦楚天浮④。小怨蘼芜径⑤,春入烟水楼。弄光宜晚白⑥,媚影向晨柔。四月汝当果⑦,纤莺来尔羞⑧。

【注释】

①此诗录自《复庄诗问》卷六。
②姚燮:见52页注②。
③华灯:光辉灿烂的灯。
④楚天:楚地之天。因楚位于南方,故亦泛指南方的天空。
⑤蘼芜:草名,又名"江蓠""蕲茝"。
⑥弄:犹炫耀,卖弄。

⑦果:用作动词,结出果实。

⑧纤莺:小巧的黄莺。来尔羞:即来羞尔,来吃你。羞,引申谓吃。因鸟雀喜啄食樱桃,故云。

林檎花

  林檎有许多别名。除"来禽""冷金丹""月临花"外,还有一个带有传奇色彩的别名,叫作"文林郎果"。传说唐高宗时,李谨得了五色林檎,它有红金水蜜黑五色之异,贡给皇上后,高宗大喜,便赐李谨为文林郎。人们也就因此而称林檎为"文林郎果"了。

  "人间风日不贷春,昨暮胭脂今日雪"。诗人笔下的林檎花富有多么奇特的魅力啊,昨天红滴滴的花,转眼间变成白嫩嫩的朵。仅这两句诗,就会使你产生一睹为快的欲望。

  林檎系蔷薇科落叶小乔木,原产我国西北,黄河及长江流域也有栽植。

月 临 花①

元 稹②

凌风飐飐花③,透影胧胧月④。巫峡隔波云⑤,姑峰漏霞雪⑥。镜匀娇面粉⑦,灯泛高笼缬⑧。夜久清露多,啼珠坠还结⑨。

【注释】

①此诗录自《元氏长庆集》卷六。
②元稹:见25页注②。
③飐飐:同"扬扬",轻盈飞扬的样子。
④胧胧:微明朦胧的样子。
⑤巫峡:长江三峡之一,西起四川省巫山县大宁河口,东至湖北省巴东县官渡口,绵延约四十公里。承前句"胧胧月",谓就那巫峡被波浪和云所阻隔而看不清晰。
⑥姑峰:指姑射山。详见60页注⑤。此句承前句"飐飐花",谓纷飞的花瓣就像从姑射山飘下的雪片。
⑦娇面:柔美的面孔,喻花貌。
⑧高笼缬:高挂着的灯笼的彩结,喻花形。
⑨啼珠:谓下滴的露珠。

来 禽 花①

陈与义②

来禽花高不受折,满意清明好时节。
人间风日不贷春③,昨暮胭脂今日雪④。
舍东芜菁满眼黄⑤,胡蝶飞去专斜阳⑥。
妍嗤都无十日事⑦,付与梧桐一夏凉。

【注释】

①此诗录自《增广笺注简斋诗集》卷一○。
②陈与义:见193页注②。
③贷:通"忒",失误,耽误。
④此花未开时为红色,开后转白而略带红晕,故云。
⑤舍:住所。芜菁:植物名,花为黄色。
⑥专:独自占有。
⑦妍:美丽。媸:通"嫴",相貌丑陋。句谓不管花美丽与否,它们的时间都不会很长。

咏　林　檎①

刘子翚②

灿灿来禽已著花③,芳根谁徙向天涯。
好将青李相遮映,风味应同逸少家④。

【注释】

①此诗录自《渊鉴类函》卷四○三。
②刘子翚,字彦冲,宋代崇安(今属福建)人。以荫判兴化军,因父死难,不愿从官,辞归武夷山。学者称其"屏山先生",著作有《屏山集》。
③灿灿:鲜明的样子。
④风味:犹风度,风采。逸少:谓纨绔子弟。

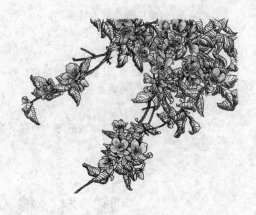

古代诗文中歌颂郁李花的作品确实不多,在日常生活中,郁李花也可谓罕见。但是,少见者并非就不美,郁李以它所独有的美,给有幸欣赏过它的人以美的享受,它的美也曾激发过文人的诗兴,白居易就曾挥毫吟咏道:"树小花鲜妍,香繁枝软弱。"

郁李原产我国,系蔷薇科落叶小灌木。又名"夫移""寿李""雀梅""奠李"。《花镜》对它较详细地描写道:"树高不过五六尺,枝叶似李而小,实若樱桃而赤,味酸甜可食。其花反而后合,有赤、白、粉红三色。单叶者子多,千叶者花如纸剪簇成,色最娇艳,而上承下覆,繁缛可观。"看了这段话,你一定也会觉得郁李花颇值一赏吧!

郁李花

惜郁李花①

白居易②

树小花鲜妍,香繁枝柔弱。高低二三尺,重叠千万萼。朝艳蔼菲菲③,夕凋纷漠漠④。辞枝朱粉细⑤,覆地红绡薄⑥。由来好颜色,尝苦易销烁⑦。不见莨荡花⑧,狂风吹不落。

【注释】

①此诗录自《白居易集》卷九。作者原注曰:"花细而繁,色艳而黯,亦花中之有思者,速衰易落,故惜之耳。"
②白居易:见24页注②。
③蔼菲菲:形容浓艳如云气。
④纷漠漠:形容纷乱的样子。
⑤朱粉:谓红色的花粉。
⑥红绡:喻红色花瓣。
⑦销烁:熔化,消除。引申谓凋零衰落。
⑧莨荡花:植物名,开黄花,全株有特殊臭味。

次韵郁李花①

赵抃②

花县逢春对晓晖③,朱朱白白缀繁枝。
梅先菊后何须较④?好似人生各有时。

【注释】

①此诗录自《宋诗钞·清献诗钞》。
②赵抃(1008—1084),字阅道,北宋衢州西安(今浙江衢县)人。景祐进

士,为殿中侍御史。官至参政,因反对青苗法去位。著作有《赵清献集》。
③花县:县名,在今广东省广州市西北部。晓晖:早晨的阳光。
④较:计较。